首都经济贸易大学工商管理学院

前沿理论系列丛书

消费者响应视角下的企业社会责任行为研究

黄苏萍 程熙鎔 著

Study on Corporate Social Responsibility Behavior under Consumer Responses Perspective

经济管理出版社
ECONOMY & MANAGEMENT PUBLISHING HOUSE

图书在版编目（CIP）数据

消费者响应视角下的企业社会责任行为研究/黄苏萍，程熙鎔著. —北京：经济管理出版社，2016.4
ISBN 978-7-5096-4374-7

Ⅰ. ①消… Ⅱ. ①黄… ②程… Ⅲ. ①企业责任—社会责任—研究 Ⅳ. ①F270

中国版本图书馆 CIP 数据核字（2016）第 090264 号

组稿编辑：张永美
责任编辑：张永美
责任印制：黄章平
责任校对：赵天宇

出版发行：经济管理出版社
（北京市海淀区北蜂窝 8 号中雅大厦 A 座 11 层　100038）
网　址：www. E-mp. com. cn
电　话：（010）51915602
印　刷：北京九州迅驰传媒文化有限公司
经　销：新华书店
开　本：720mm×1000mm/16
印　张：9.75
字　数：153 千字
版　次：2016 年 7 月第 1 版　2016 年 7 月第 1 次印刷
书　号：ISBN 978-7-5096-4374-7
定　价：38.00 元

目　录

第1章　绪　论

自从企业社会责任的概念提出以来，学术界和企业界对它的讨论就没有停止过。古典经济学理论认为企业通过从社会中获取资源并高效率地使用资源生产出符合社会需要的产品或服务，然后以消费者愿意支付的价格销售，那么企业就履行了社会责任。随着人类社会的进步，社会逐渐对企业提出了更高的要求，要求其不仅需要获取经济利益，还要对社会负责、对环境负责，达到经济效益、社会效益和环境效益的多重目标。

2010年英国石油公司（BP）因钻井平台爆炸引发的墨西哥湾原油外泄造成的环境污染至今仍未消除，当时就造成11名工作人员死亡。这起海上漏油事故甚至波及了当地渔业和旅游业，经济影响难以估量。BP也因为此事件而诉讼缠身。2010年的"丰田召回门"事件令这家整车制造业巨擘陷入泥淖，同时也给其他企业敲响了警钟。紫金矿业污染事件又掀起中国社会各界对企业社会责任的新探讨。这些都是企业社会责任缺失[①]（Corporate Social Irresponsibility，CSIR）给企业带来困扰的典型事例。另外，2008 年“汶川大地震”后，中国企业的慷慨解囊向社会各界展示了巨大的责任力量。越来越多的企业将企业社会责任不仅仅停留在单纯履行的层次，更将其纳入企业战略。从 2011 年开始，中国社会科学院每年都会发布《企业社会责任蓝皮书：中国企业社会责任研究报告》。尽管如此，我国对企业社会责任如何影响企业的研究主要集中于影响企业绩效方面。因此，有必要将这方面研究向纵深方向推进。据此，本书将以消费者响应为主要研究视角，从理论和实证两方面来系统分析企业社会责任行为对消费者响应的影响机理。作为本书开篇，本章将从研究背景、研究问题及研究边界等方面阐述本书的现实与理论意义，并说明本书的研究设计、主要研究内容及框架。

1.1 研究背景

1.1.1 理论背景

自从企业社会责任这一概念出现以来，学术界就开始对其进行讨论。最有名的是 Freeman 和 Friedman 之争。他们的学术观点在企业是否需要承担企业社会责任的问题上产生了明显分歧。1984 年，Freeman 出版了《Strategic Management：A

① 姜丽群（2014）在其发表的论文《国外企业社会责任缺失研究述评》中将 CSIR 定义为“企业出于自利或其他原因而没有按照社会预期以促进社会总体利益增长的方式来承担社会责任，且对社会造成明显负面影响、危害或损失的企业行为。”并根据该定义以及 CSIR 造成社会危害的不同原因，把 CSIR 分为行业行为、故意行为和无意行为。其中，行业行为的 CSIR 是指“某些行业所提供的产品或服务对消费者或社会具有明显的危害性，如烟酒业、博彩业、军火业等，但属于这些行业的企业却具有合法的运营资格。这些企业所属行业具有先天的对社会不负责任的性质，属于社会争议行业”。Lin-Hi 和 Müller（2013）则将故意行为的 CSIR 定义为“企业主动采取的行为，通常是指企业为获利而故意采取的且会对其他利益相关者造成一定伤害的行为，如排污、生产劣质产品、盗用专利、行贿或提供恶劣的生产条件等”。无意行为的 CSIR 被定义为“不是由企业主观意愿引发但却给相关者造成一定伤害的行为。这类企业行为往往是因企业未能采取适当措施而意外造成的，如生产事故、油气开采和运输过程中的泄漏事件等”。

Stakeholder Approach》一书。Freeman 在该书中运用利益相关者理论指出企业在经营活动中应该对利益相关者承担社会责任，并将利益相关者定义为任何能够影响企业行为的集体或个人以及受企业行为影响的集体或个人。利益相关者理论提出，企业的发展离不开各利益相关者的投入及参与。企业的利益相关者可能是企业的投资者，或是因企业经营活动而付出了代价的环境等，因而企业在进行经营决策时，必须考虑利益相关者的利益（Freeman，1984）。由此可知，利益相关者理论认为，企业是为所有的利益相关者创造价值而不单单为股东创造利润，企业实际上是由利益相关者组成的一个系统（Donaldson，1995；Clarkson，1995）。而对企业社会责任持否定态度的一方则以新古典经济学家 Friedman 为代表。他将社会问题和社会责任阐释为非商业问题和非商业责任。与其他新古典经济学家一样，他主张将企业从社会中分离出来，提出"企业要做的正经事就是经商而已"。[①] 由于他将企业与社会分离，因此，他否定了企业社会责任这一概念的必要性和有效性。然而，不可否认的是，企业的生存和发展在很大程度上取决于它能否有效地处理与各种利益相关者的关系。企业社会责任恰恰是企业处理与各利益相关者关系的桥梁。

企业社会责任研究随着经济发展和社会变化不断发生演进。发展到今天，企业社会责任研究逐步演化为宏观研究和微观研究两大块。宏观研究以讨论企业社会责任与企业绩效之间关系为主要研究点，而微观研究也在组织管理和消费者行为领域得到更多的扩展。研究者开始从投资者、企业员工或者消费者的视角来看待企业社会责任对企业的影响。消费者是企业最重要的利益相关者之一，他们如何看待企业从事企业社会责任行为对企业来说非常重要。为此，消费者视角在企业社会责任研究中的重要性也越发突出。从企业存在的目的出发，企业通过生产产品和提供服务，从消费者那里换取商品和服务的相应价值。那么能否实现"惊险的一跃"应该是企业最为关注的事情，因为只有这样企业才可以扩大再生产。因此，企业对顾客的责任非常重要。倘若一家企业不再继续加深对顾客和市场的

① 笔者译，原话是"the business of business is business"。

理解，不再负责任地对待顾客和市场，它就会变得无足轻重甚至以失败而告终。总而言之，消费者如何看待企业履行社会责任对于企业履行社会责任的结果有着极其重要的影响。这一点在近些年的一些文章中颇有论述（Du et al., 2007; Ellen et al., 2006）。这些研究探讨了企业从事企业社会责任行为对消费者响应的影响以及如何影响消费者对企业持有的企业社会责任认知。然而对于企业在具体从事企业社会责任行为应当注意的问题研究仍不够深入和透彻，需要继续进行研究工作，以揭示其中的奥秘，指导企业社会责任实践。

1.1.2 实践背景

（1）责任浪潮的推动。

企业社会责任可以说是“舶来品”。企业社会责任发源于美国商业社会，而因遭受质疑导致最为激烈争论的也是在美国。斗转星移，经过数十年的争议，实业界和学术界至今仍未达成圆满的一致。但是与最初的星星之火相比，如今企业社会责任却已成燎原之势，为全球经济注入新的要素。企业社会责任在全球范围引起关注最早源于劳资关系问题。这种劳资关系的矛盾曾经随着跨国公司在全球的发展而愈演愈烈。毫无疑问，跨国公司是全球化的主要推动者和受益者，如今已经成为控制和影响全球经济的主要力量。

借着全球化的东风，跨国公司在世界各地攫取超额利润。与此同时，跨国公司的东道国劳工在工资和劳工条件方面却面临着激烈的向下竞争压力。20 世纪 90 年代，美国服装品牌 Levis 因实施“血汗工厂”（Sweat Shop）政策而在全球范围内引起轩然大波。美国劳工及人权组织积极发动“反血汗工厂运动”。此后，因为被新闻媒体曝光，Levis 为挽救公众形象，自行制订了第一份生产守则。自此，“企业生产守则运动”开始登上历史舞台，并逐步演化为全球化背景下企业社会责任的主要操作形式之一。紧接着，联合国于 1999 年提出《全球契约》（Global Compact），以此来推动和促进“生产守则运动”在全球范围的实施和开展，引导全球企业履行企业社会责任。众所周知，《世界是平的》和《世界是弯的》两本全球畅销书已经深入剖析和阐述了全球化进程所带来的积极效应和负面影响。联合国提出的《全球契约》明确要求跨国公司必须重视劳工标准、尊重人权和保护环境。另外，国际标准化组织也在2004年启动了社会责任国际标准（ISO 26000）的制定工作。

近些年来，国内企业界和学术界也越来越多地给予这个问题更多的关注。改革开放以来，我国工业化进程不断加快，经济体制改革步伐加紧，经济与社会、环境的矛盾越发尖锐和突出。企业被赋予了更多的责任和使命。2008年出现的一系列事件，将企业推向了社会责任的风口浪尖。“汶川大地震”发生后，各家企业纷纷向灾区进行捐助。人们将目光犀利地锁定在各家企业身上。一些企业因积极向灾区捐助而获得非常高的知名度和美誉度，如“王老吉”因表现出众而出现脱销的局面。类似的事件不胜枚举。2008年11月，时任中国国家主席胡锦涛在APEC会议上强调：“企业应该树立全球责任观念，自觉将社会责任纳入经营战略，完善经营模式，追求经济效益和社会效益的统一。”2008年初，国有资产监督管理委员会发布了《关于中央企业履行社会责任工作指导意见》，提出了中央企业履行社会责任的理念、目标、主要内容和措施。在这一系列突发事件和政策引导下，中国企业越来越重视企业社会责任。2015年11月1日，“首届中国企业社会责任前沿论坛”在北京举办，会议上发布的《企业社会责任蓝皮书：中国企业社会责任研究报告（2015）》公布了企业社会责任发展国企100强、民企100强和外企100强，同时披露的还包括电力、银行、食品等16个重点行业的企业社会责任发展指数，密切关注了中国企业在企业社会责任方面展现出来的新特点和发展阶段。

（2）企业竞争的需要。

企业社会责任（CSR）如今已成为企业意识的前沿。随着企业社会责任的讨论从“是否承担”转移到了“如何承担”，企业纷纷以前所未有的热情从事着承担社会责任的商业活动。除了出于道德外，这种趋势多少也有被日益助长的责任意识所激发的成分。这一责任意识或者说是责任观念就是认为作为重要利益相关者之一的消费者会以更大、更多的持久性惠顾来回馈企业公民（Lichtenstein et al.，2004；Luo & Bhattacharya，2006）。日益丰富的实验研究（Brown & Dacin，

1997；Klein & Dawar，2004；Sen & Bhattacharya，2001；Sen et al.，2006）得出的研究结论是，假设在其他一切恒定的条件下，消费者更可能选择从事企业社会责任活动的企业，在当消费者认为企业的该行为不但合理（例如公司与企业社会责任善因高度匹配）且与其个人相关时更是如此。

与此同时，随着同类企业之间产品差异的缩小，企业社会责任越来越成为企业获得竞争优势的有效途径和手段。Aaker（1996）从产品和市场两方面开发出测量品牌价值的量表，该量表包含忠诚度（Loyalty）、感知质量（Perceived Quality/Leadership）、联想（Associations/Differentiation）、品牌认知（Awareness）和市场行为（Market Behavior）五个维度。其中联想这一项又含有人格特质（Personality）和差异化（Differentiation）两个子维度。企业社会责任可以成为品牌差异的重要来源。一旦这种品牌感知差异形成且获得消费者的认可，那么消费者将给予企业及其品牌更多的惠顾或情感回报。当今商业领域的竞争日益白热化，企业唯有独辟蹊径才能保持和发展“逐鹿中原”的实力。深究如何承担企业社会责任的问题也就成为企业竞争的重要议题之一。

（3）企业成长的要求。

按经营层次划分，企业成长可以分为四个层次，即经营产品、经营企业、经营产业和经营社会。经营产品是指企业关注产品，将提高产品质量、降低产品价格作为企业努力的重点，力图通过提高产品的性价比来获得市场占有率从而创造利润。经营企业则是将企业作为一个封闭的体系，注重建设品牌和企业形象，从打造企业品牌、提高企业美誉度来加强产品销售。这两个层次都是从企业内部出发，随着外部环境的变化，企业开始将重点从企业内部转移到企业外部上来，这也意味着经营企业的层次有所提升，进入到经营产业的阶段。经营产业是指企业牢牢把握产业的制高点，占据产业核心环节和关键环节，通过持有核心技术等优势资源来把持整个行业跳动的脉搏，通过垄断行业的无形资产、经营标准和规则来创造利润。最后一个层次是经营社会的层次，即企业打破自身边界，把企业看作一个开放的系统，这个系统不仅仅包括企业内部的生产经营、资本经营等，还包括企业外部的价值来源。

在大工业时代，企业通过回馈社会的方式来完成商业社会的新陈代谢，因为无论是资源的整合、成本的降低还是利润的获取都是来自整个商业社会（李海舰和郭树民，2008）。企业只有回馈社会，使得整个商业生态系统更加健康地运作，才能保证企业自身的生存和发展，从而引导企业从单赢的思维转换到了多赢的思维。信息时代的来临，大大改变了商业生态系统的结构，虚拟组织的出现使得企业的经营打破了时间和空间的拘囿。企业可以采取脑体分离的方式进行经营，将自身充分暴露在社会当中，最大化地与社会对接。企业社会责任恰恰是指向社会的，企业通过企业社会责任行为可以更好地融入社会。

一般而言，企业社会责任是具有层次性的，最低层次是对股东负责、对员工负责；其次是对客户负责、对供应商和分销商负责、对政府和社区等负责；最高层次是捐助慈善事业。对于一家封闭经营的企业来说，企业社会责任是企业成本的一部分；而对于一家开放经营的企业，企业社会责任则是企业资本的一部分。通过企业社会责任，企业可以将自身的有形资源转化为无形资源，进而利用无形资源去外部获取来自社会的各种有形和无形资源。[①] 从这个意义上来说，企业社会责任正是企业成长发展到经营社会阶段后的必然要求。此外，近些年来，中国企业逐渐走向海外的趋势越发明显。企业的成长必然要求企业从只承担最少责任的传统企业逐渐转变为承担最大社会责任的母性企业。“穷则独善其身，达则兼济天下”。只有具有高度社会责任感的企业才能获得海外市场的青睐。然而，高度社会责任感并不是一蹴而就的，需要企业在长期的经营过程当中去领会并实践，只有这样才能真正成为企业的一种经营思想和经营哲学。当企业逐步认识到企业社会责任这一战略思想的重要性时，却在实践过程遇到了各种问题。本书就是在这样一种实践背景下应运而生的。

（4）消费“心时代”的到来。

人类的消费文化发展史可以划分为“身时代”与“心时代”（曹世潮，

① 李海舰，郭树民. 从经营企业到经营社会——从经营社会的视角经营企业. 中国工业经济，2008（5）.

2002）。所谓“身时代”是指该阶段消费文化主要表现为人们消费行为的目的主要是为满足衣食住行等身体需要。与此相对应，“心时代”则是指人们消费行为主要在于满足自己的精神需要。根据马斯洛的需求层次理论，消费“心时代”是人类文明发展导致人类物质需求可以保证基本满足后带来的新阶段。这种消费文化的变迁意味着消费者在选择消费产品和服务时，考虑的出发点从实体产品和服务本身转向它们的附加层面。[①]《孙子兵法》当中的《谋攻篇》有云：“故上兵伐谋，其次伐交，其次伐兵，其下攻城。”其中明确地表达了攻心为上，攻城为下的谋攻思路。在当今消费“心时代”中，企业要想在市场获得生存与发展，就必须牢牢抓住消费者的“心”。企业社会责任话题随着消费者企业社会责任意识的提高越来越受到重视，企业难以逃脱责任的限制和义务。无论是“毒奶粉”还是“问题汽车”，这些明显不负社会责任的行为都使得企业或品牌在一段时期遭到消费者的摒弃，甚至因此而不复存在。而从企业善意的角度来说，企业如何更好地履行企业社会责任也需要加以研究，以免提及企业社会责任就流于慈善捐赠等少数履行社会责任形式。

1.2 研究问题及研究边界

自从 20 世纪企业社会责任的概念提出以来，经过数十年的研究与讨论，无论是学术界还是实业界，对于企业社会责任的争论焦点已经从“是否承担”转移到了“如何承担”上。承担企业社会责任意味着企业必须将资源投入到社会责任领域，我们也可以视为是企业进行的企业社会责任投资。然而，既然是投资，那么企业的社会责任投资就如同其他投资活动一样，有成功也有失败。而且更多的实际情况是，企业把资源投到社会责任领域了，却不见成效。企业承担社会责

① 曹世潮. 心时代—— 一个情感化的世界及其经济图景. 北京：中国财经出版社，2002.

任、从事社会责任投资活动，于私而论，当然是希望赢得利益相关者的掌声，尤其是市场的掌声。那么，如何才能使得企业进行企业社会责任投资富有成效呢？

毕竟，承担社会责任需要企业付出成本，作为市场经济中的微观主体，获取利润是保证企业得以生存和发展的首要条件。要求企业主动承担社会责任，对盈利避而不谈，这显然是不现实的。总体而言，我国企业通过从事企业社会责任投资活动获得市场价值的做法收效甚微。仅从我国企业的捐赠行为来看，多数还处于随意性、盲目性状态，其结果只能是“叫好不叫座”。企业社会责任活动往往涉及消费者、员工、股东等诸多利益相关者。而其中作为极为重要的利益相关者之一的消费者对于企业社会责任活动做出的响应往往是企业最为看重的方面。企业如何承担社会责任才能获得消费者的认可，从而得到由此带来的好处？消费者与企业间关系也一直是关系营销（Relationship Marketing）的重要议题。由于CSR对增加品牌资产（Brand Equity）、价值资产（Value Equity）和关系资产（Relationship Equity）均有贡献（Rust，2004）。如何运用企业社会责任来增进消费者与企业间关系成为当前企业社会责任及营销领域的热点议题。可以说，履行企业社会责任是企业“做的正确的事”，但是如何“巧妙地做到”让消费者买账则是摆在企业面前的难题。针对已有文献的不足，笔者准备在本书中解决如下四个问题：第一，企业通过从事企业社会责任行为究竟能够从消费者那里获得怎样的积极响应以及影响路径？第二，在消费者处理企业社会责任信息的心理机制中，消费者对企业的信任扮演着什么样的角色？第三，善因匹配和归因因素对企业社会责任行为转化为良好的企业社会责任形象有着什么样的影响？第四，为了达到从企业社会责任行为中获得商业回报的目的，企业应该怎么做？因此，本书基于消费者响应的视角，讨论如何使得企业社会责任投资取得成效的问题，以便指导我国企业履行企业社会责任的实践。

好的理论及研究必须具有清晰而明确的边界（Bacharach，1989；Whetten，1989）。清晰而明确的边界才能给研究提供合适的情境并且相应给出研究的局限性（Whetten，1989）。所以，本书的研究边界界定为：第一，涉及的企业主要是指生产和提供私人物品的企业，而非提供公共产品的企业。第二，企业履行社会责任对企业和社会都会产生相应的影响，本书只关注企业的社会责任行为对消费者响应的影响以及对企业的影响。第三，尽管对于企业是否应该承担企业社会责任这一议题在中国还存在一定的争议，但是本书假定中国境内众多生产和提供私人物品的企业已经从事企业社会责任活动，并且越来越多的企业加入到这一行列。第四，本书根据 Frederick（1983）对企业社会责任的定义来进行研究探讨，即依据社会责任是否为法律法规以及政府法令所规定可以划分为强制性责任和自发性责任。本书要探讨的是企业从事自发性企业社会责任的情况。因为企业在从事强制性责任时没有讨价还价的余地，必须无条件履行，否则将受到法律法规的制裁，而在从事自发性责任时可以加以选择。

1.3 研究设计

1.3.1 研究方法

本书采用多种研究相结合的方法，其中定量研究与定性研究相互补充。本书主要采用的是实证研究的方法，从文献研究出发，寻求研究视角和研究问题，进而提出研究模型和假设，运用测量工具收集有关数据，通过信度、效度检验以及其他统计方法对数据进行处理，并进一步阐释和补充说明实证研究的结果。

（1）文献研究法。

文献研究法的原理是从已有相关文献中概括抽象出研究对象包含构念间的基本关系，以此为起点根据文献对这些构念之间的关系进行理论上的逻辑演绎，然后得出一些理论假设，以供探索和解释现实中存在的现象。本书首先通过对现实所存在的现象进行初步思考和分析，接着进行相关领域文献检索、阅读和整理分析工作。在了解相关领域的研究动态和总结前人研究结论的基础上，系统地对国内外与本书研究主题相关的研究进行评述，寻求现有文献在该领域存在的遗漏，进而提出概念模型和具体的研究假设。

（2）实证研究法。

实证研究法是运用客观存在的现实数据对理论构建的研究假设进行检验的研究方法。本书试图揭示企业的社会责任投资对消费者响应的影响机制，在文献阅读、归纳总结的基础上提出一些假设研究。而后，根据文献基础和现实情况针对银行业设计调查问卷。被调查对象为接受银行服务的消费者。将收集来的数据进行整理后，借助 SPSS22.0 提供的分析工具，运用验证性因子分析方法等进行相应的信度和效度检验，利用结构方程模型和多元线性回归的方法进行研究假设的检验。

1.3.2 研究流程

本书大致分为五个步骤：

第一步：根据研究领域和研究兴趣解读现实存在的现象和问题，研读相关文献对知识进行扩充，选定具体的研究命题。

第二步：扩大特定领域的文献阅读范围和数量，试图构建出理论模型，并提出待检验假设，探索概念之间的复杂关系。

第三步：根据从经典文献和预调查中获得的有效题项，设计调查问卷，测量研究模型中的主要变量，向被调查对象发放问卷，从问卷中收集数据。

第四步：录入数据，并进行抽样检验数据录入是否正确，运用相关统计方法对数据加以分析和处理，归纳数据结果。

第五步：根据数据结果分析研究发现，提炼理论贡献和管理启示，并撰写后面的内容。

1.4 研究内容及框架

本书第 1 章首先在绪论中阐述了研究背景，包括理论背景和实践背景，接着提出本书的研究问题，划定研究边界，进而给出研究设计和研究内容及框架。第2章主要回顾了企业社会责任及营销领域的相关文献，梳理了企业社会责任领域学术文献的主要脉络，并联系营销领域对企业社会责任问题的研究。在此基础上，总结已有研究在本书涉及的研究问题上的不足。第3章基于已有文献并结合实际，提出理论模型及待检验假设。第4章给出本书实证研究收集样本及数据的情况，详细叙述本书如何对研究涉及的变量进行测量，并应用验证性因子分析等统计方法对测量的信度和效度进行相应的检验。第5章应用多元回归方法对本研究提出的待检验假设进行检验，并对假设检验情况加以总结。第6章对实证分析的结果进行分析和讨论。第7章总结研究结论和研究的理论贡献，并给出管理启示。

本书的研究框架如图1-1所示：

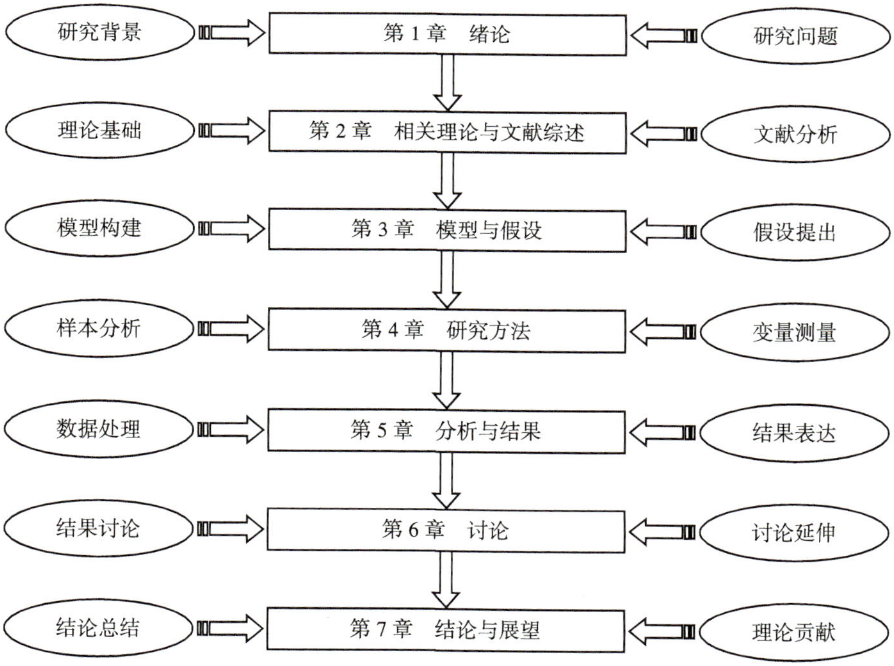

图1-1　本书的研究框架

第 2 章　相关理论与文献综述

2.1　理论基础

2.1.1　利益相关者理论

利益相关者问题是西方经济学界和管理学界的研究热点之一。利益相关者理论（Stakeholder Theory）更多地在公司治理领域被研究，对利益相关者理论的研究始于 20 世纪 60 年代。当时，斯坦福研究所首次提出了利益相关者的概念。

而利益相关者理论开始占据管理研究领域的主流地位则源于 20 世纪 90 年代的一次系统梳理和讨论。在此以前，企业界和社会存在一个基本问题，即缺乏对企业社会绩效（Corporate Social Performance，CSP）、企业社会责任（Corporate Social Responsibility，CSR_1）和企业社会响应（Corporate Social Responsiveness，CSR_2）① 这三个概念的明确且可操作化的定义。因而，也就无法衡量企业社会绩效。

① 后文当中的 CSR 均指企业社会责任而非企业社会响应。

与企业经济绩效不同，企业社会绩效难以被诸如投资回报率、销售利润率等一系列硬性的经济指标所测量。于是，如何衡量企业社会绩效成为学术界和实业界亟待解决的问题。利益相关者理论则提供了一种分析和衡量企业社会绩效的框架，即从企业与利益相关者关系的处理来有效评价企业社会绩效。开发衡量企业社会绩效模型的研究大致可以划分为三个阶段。①

第一阶段，西方世界兴起对企业社会责任的科研和教学。这一阶段主要采用的仍是 Preston（1975）给出的分析框架。然而，他的框架既没有定义什么是社会问题（Social Issue），也没有定义什么不是社会问题，无法指导企业经理或研究者辨析什么样的社会问题是需要关注的。

第二阶段，在 Preston 开发的模型基础上，Carroll（1979）进行了改良，提出了一个新的概念模型。Carroll 试图将企业社会目标和经济目标协调起来，将企业社会责任和企业社会响应协调起来，并将关注点放在企业社会绩效上。他将社会问题界定为消费问题（Consumerism）、环境问题（Environment）以及歧视问题（Discrimination）等。倘若企业在这些方面有积极性的作为将会赢得掌声。Carroll 将处理响应的做法划分为 Reactive，Defensive，Accommodative 和 Proactive 四类。这一阶段产生了所谓的金字塔模型，即将企业社会责任定义为四个维度：经济责任、法律责任、道德责任和慈善责任。然而这个模型仍难以从数量上判断一家公司是否对社会负责。除非它亏损并有证据表明其存在非法或不道德行为才能说这家公司是不负社会责任的，显而易见，仅仅如此是不够的。

第三阶段，学者通过收集数十家企业有关社会环境、自然环境、公共关系、政府关系、社区关系、慈善捐赠、员工关系的政策和活动的数据资料，进而加以归类整理。于是，利益相关者管理开始跃入学者和管理者的视野。管理者不难理解利益相关者管理的概念和模型。学者给出了一个列举具有典型性的利益相关者问题（见表 2-1）。这一表格也为管理者在处理利益相关者问题时提供了一个示

---

① 若想详细了解从利益相关者关系角度开发衡量企业社会绩效模型的发展阶段情况可以参阅 Clarkson Max B. E. A Stakeholder Framework for Analyzing and Evaluating Corporate Social Performance. Academy of Management Review，1995，20（1）.

范。然而，美中不足的是，学者认为毕竟公司和管理者要处理的是与利益相关者的关系而非与社会的关系，因而有必要将利益相关者问题与社会问题区分开来，分清是在制度的、组织的还是个人的层次上。

表 2-1　典型的企业和利益相关者问题

1. 公司（Company）
1.1 公司历史（Company History）
1.2 行业背景（Industry Background）
1.3 组织结构（Organization Structure）
1.4 经济绩效（Economic Performance）
1.5 竞争环境（Competitive Environment）
1.6 使命或宗旨（Mission or Purpose）
1.7 企业道德（Corporate Codes）
1.8 利益相关者和社会问题管理系统（Stakeholder and Social Issues Management Systems）
2. 员工（Employees）
2.1 一般政策（General Policy）
2.2 Benefits
2.3 补偿和奖励（Compensation and Rewards）
2.4 培训与发展（Training and Development）
2.5 职业规划（Career Planning）
2.6 员工协助项目（Employee Assistance Program）
2.7 Health Promotion
2.8 Absenteeism and Turnover
2.9 Leaves of Absence
2.10 与工会关系（Relationships with Unions）
2.11 Dissmissal and Appeal
2.12（Termination，Layoff and Redundancy）
2.13（Retirement and Termination Counseling）
2.14 雇佣公平和歧视（Employment Equity and Discrimination）
2.15 管理层和董事会中女性的比例（Women in Management and on the Board）
2.16（Day Care and Family Accommodation）
2.17（Employee Communication）
2.18 职业健康与安全（Occupational Health and Safety）
2.19 兼职、临时或合同工（Part-time，Temporary，or Contract Employees）
2.10 其他员工或人力资源问题（Other Employee or Human Resource Issues）
3. 股东（Shareholders）
3.1 一般政策（General Policy）
3.2 股东沟通与抱怨（Shareholder Communications and Complaints）

续表

3.3 股东力推（Shareholder Advocacy）
3.4 股东权益（Shareholder Rights）
3.5 其他股东问题（Other Shareholder Issues）
4. 客户（Customers）
4.1 一般政策（General Policy）
4.2 客户沟通（Customer Communications）
4.3 产品安全（Product Safety）
4.4 客户抱怨（Customer Complaints）
4.5 特殊客户服务（Special Customer Services）
4.6 其他客户问题（Other Customer Issues）
5. 供应商（Suppliers）
5.1 一般政策（General Policy）
5.2 相应的要价能力（Relative Power）
5.3 其他供应商问题（Other Supplier Issues）
6. 公共利益相关者（Public Stakeholders）
6.1 公众健康、安全和保护（Public Health，Safety and Protection）
6.2 节约能源和原材料（Conservation of Energy and Materials）
6.3 环境评估（Environmental Assessment of Capital Projects）
6.4 其他环境问题（Other Environmental Issues）
6.5 公共政策参与（Public Policy Involvement）
6.6 社区关系（Community Relations）
6.7 社会投资和捐赠（Social Investment and Donations）

资料来源：Max B. E. Clarkson. A Stakeholder Framework for Analyzing and Evaluating Corporate Social Performance. Academy of Management Review，1995，20（1）.

利益相关者是指在过去、现在和未来对企业或企业活动中拥有或要求所有权、权利或利益的个人及群体（Clarkson，1995）。这种权利和利益是交易的结果，可以是法律上的也可以是道德上的，可以是个人的也可以是集体的。拥有类似权利和利益的利益相关者又组成了利益相关者群体，诸如员工、股东、客户，等等。

对于利益相关者的分类大致可以从两个角度出发：第一，从利益相关者与企业的关系来看，可以划分为内部利益相关者和外部利益相关者。内部利益相关者主要是员工、股东、管理者等；外部利益相关者主要是供应商、客户、政府、社区、自然环境等。第二，从利益相关者对企业的重要程度来看，可以划分为主要利益相关者和次要利益相关者。主要利益相关者是指那些没有其持续参与，企业就无法生存的利益相关者。主要利益相关者一般为股东、投资者、员工、客户、供应商以及包括政府在内的公共利益相关者。诸如客户或供应商这样的任何一类主要利益相关者因不满而全部或部分地从企业系统中退出，企业都将遭受严重的损失。甚至可以认为，企业本身是由主要利益相关者群体构成的系统。企业的生存与持续成功就取决于经理们给予不同主要利益相关者满意的能力。次要利益相关者是指那些影响企业或被企业影响但又不与企业进行交易且对企业的生存没有致命利害关系的利益相关者，例如大众媒体。媒体能够引导支持或反对企业的社会舆论。2010 年发生的丰田“召回门事件”便是一个典型实例。

利益相关者理论对于评价企业绩效做出了贡献。Clarkson（1995）在 Wartick 和 Cochran（1985）的研究成果基础上总结出 RDAP 测量模型（见表 2-2）。

表 2-2　RDAP 测量模型

评级类型	策略	绩效
1. Reactive	拒绝责任	做得少于要求
2. Defensive	承认责任但持逃避态度	做到要求的最低标准
3. Accommodative	接受责任	力所能及地满足所有要求
4. Proactive	参与责任	做得多于要求

资料来源：Max B. E. Clarkson. A Stakeholder Framework for Analyzing and Evaluating Corporate Social Performance. Academy of Management Review，1995，20（1）.

国内学者对利益相关者理论的研究还处于比较初级和浅显的阶段，以实证研究方法来研究利益相关者理论在企业经营中的实践，也仅仅停留在消费者、供应商等作为企业价值链上下游的利益相关者上，而对环境、社区等间接利益相关者管理的应用研究则更少。有学者认为，利益相关者理论的一个重要局限在于对组织与利益相关者关系本身的识别不足（Andrew et al.，2002）。不同利益相关者以不同的方式影响着组织。

以契约性质为出发点，组织与利益相关者的关系可以归于四类（见图 2-1）。对于位于 A 象限——不可避免且一致的利益相关者（股东、高管、合作伙伴），组织需要与其签订明确的正式契约合同。组织与 C 象限——偶尔且不一致的利益相关者（一些非营利组织等）不存在所谓的契约关系，包括隐含的或明确的；公认的或未被公认的。与其说不存在这种一般社会契约，不如说这些一般社会契约通常是不发挥作用的。对于D象限——不可避免且不一致的利益相关者（工会、底层员工等），组织需要与他们签订契约。在组织看来，这些利益相关者通常要求其从事不盈利或者减少盈利的活动。例如客户总是希望从企业那里获得优质产品和服务，但是又要求为其支付足够低廉的价格，这必然损害企业的收益；底层员工希望从企业那里获得更多的薪酬、晋升机会、福利等，而这些将提高企业成本，从而降低利润；供应商希望以较高的价格等条件向企业销售产品或服务，如此等等。对于位于B象限——偶尔且一致的利益相关者（一般公众等），组织无须签订正式契约也不会有直接的关系（Andrew et al.，2002）。古典经济学认为除非有利，否则主体不会去签订契约。位于A、B、C、D象限的利益相关者对企业的影响程度有所不同，这取决于组织与利益相关者关系的结构属性、现有的契约形式、获得的制度支持。例如，A象限内利益相关者与组织有着天然的紧密联系，彼此之间一荣俱荣，一损俱损。

	不可避免的	偶尔的
一致的	A • 股东 • 高管 • 合作伙伴	B • 一般公众 • 经由一般贸易协会或活动联系的企业
不一致的	D • 工会 • 底层员工 • 政府及其代理机构 • 客户 • 出租人 • 供应商及其他债权人 • 一些NGO组织	C • 一些NGO组织 • 公众当中的受害人或犯罪分子

图2–1 利益相关者构成及类型

资料来源：Andrew L. Friedman and Samantha Miles. Developing Stakeholders Theory. Journal of Management Studies，2002，39（1）.

利益相关者理论在遭遇主流企业理论的不断质疑中逐渐发展，成长为具有相对完整的分析框架与研究方法的理论体系。利益相关者理论明确地指出：企业不仅对股东承担责任，而且对具有清晰定义的利益相关者承担社会责任。企业的生存与发展离不开各利益相关者的投入与参与。因此，企业谋求的应该是利益相关者的整体利益而非某一利益相关者主体的利益。

在利益相关者理论的视角下，关于企业为何要承担社会责任有以下三个原因(张兆国等，2012)：第一，承担社会责任可以让企业向所有利益相关者传递出自身“值得信任”和“负责任”的信息。因为现代企业中存在两个层次的委托代理关系，既有第一层股东和管理者之间的委托代理关系，也有第二层大股东和小股东之间的委托代理关系，以及企业和债权人、员工、供应商、经销商、政府和社区这些利益相关者之间的委托代理关系。而信息不对称使得企业内部的经营者充分知悉企业的经营情况，可能利用各种手段欺骗股东、债权人等利益相关者。为了向利益相关者暗示企业及其经营者是值得信赖的，企业需要通过承担社会责任传递出“值得信赖”的信号，使利益相关者愿意与企业保持长期合作关系。第二，企业社会责任是促进交易实现的机制。利益相关者理论认为，企业实际上是各个利益相关者之间通过契约缔造的产物，企业与利益相关者承担着各自的权利和责任。企业从利益相关者处获得促进企业发展、获得财务绩效的资源，利益相关者则凭借提供的资源从企业获得相应的回报。企业对利益相关者承担着一定的责任，履行这种责任能够让企业与利益相关者之间的交易更加顺利和高效。第三，企业通过承担社会责任还能够创造价值。承担社会责任可以改善企业与员工的关系、提高员工的工作绩效；可以通过与上下游合作减少企业的库存积压；可以对当地社区做出贡献，积极改善企业经营所在的环境；可以加强与当地政府的合作关系，获得更优惠的政策支持。通过以上三个方面的分析，可以看出，在利益相关者理论视角下，企业履行社会责任不仅可以降低交易成本，维护利益相关者的利益，同时还能够提高自身的竞争力，改善企业的绩效表现。

2.1.2 心理契约理论

制度经济学将制度定义为人为设计来约束人们之间行为的机制，既包括正式的约束机制，也包括隐含的约束机制。企业作为为减少交易成本而在一定程度上替代市场的制度安排，必然也是由一系列显性契约和隐性契约构成的综合体，例如企业与员工之间的关系就是由显性契约和隐性契约共同构成。双方之间需要签订正式的合约，以规范各自的权利和义务。这种正式的合同可以让企业和员工双方在工作时间、岗位职能、岗位工资等方面达成明确共识，然而，在多数情形下，对于员工对组织做出的贡献难以在正式的合同上形成明确的标准，而是主要依赖于员工主管对其做出的主观评价。这就要求双方之间形成彼此信任的隐性契约，这种隐性契约能够弥补显性契约的不足。

美国管理学者 Donaldson 和 Dunfee 提出了综合性社会契约理论（Integrative Social Contracts Theory，ISCT）。综合性社会契约囊括了企业与利益相关者之间遵循的所有契约。这种契约包括两类截然不同的契约：第一类是经济参与体之间的规范契约，这是与哲学、政治经济学中的经典契约理论类似的社会契约；第二类是包括企业、企业内部部门、部门内非正式次级组织（Subgroup）、跨国经济组织、专业协会等在内的特定主体成员之间的隐性契约（Donaldson & Dunfee，1994）。

契约充斥于人类社会的方方面面，然而在企业中经济契约难以包罗万象，于是心理契约应运而生。人们开始通过心理契约来解释经济契约难以弥补的真空地带。心理契约理论自 20 世纪 90 年代以来在组织行为和人力资源管理领域成为一个热门话题。当时，组织内雇佣关系发生激烈变化，雇员与企业的信任关系以及雇员工作稳定感开始下降导致雇员满意度和对企业的忠诚度也跟着下降，在这种情况下，心理契约理论被广泛应用于人力资源管理的实践与研究中。

心理契约（Psychological Contract）的概念最早由组织心理学家 Argyris（1960）提出，强调企业组织与员工之间的相互关系除了正式雇佣合同规定的内容外，还存在一些隐性的、未言明的相互期望。然而，心理契约与单纯的期望又存在一定区别。Turnley 和 Feldman 认为组织代理人向雇员做出的具体承诺，员工对组织文化和日常实践的感知以及员工关于组织如何运作的理想化设想这三个方面共同影响着心理契约的形成。①

心理契约是研究企业与组织内部员工之间的关系。从利益相关者角度的分类，可以将这种关系界定为企业与内部利益相关者之间的关系，将这一概念进行拓展，延伸其外延可以用于研究企业与外部利益相关者之间的关系。消费者就是重要的外部利益相关者。消费者与企业之间除了在产品和服务价格、售后服务等方面存在明确的契约外，企业宣传广告、企业形象和品牌形象等也会让消费者形成对企业在某些方面的感知，这种感知使得消费者与企业间存在某种隐性的契约。在消费者情境中，由于信息不对称现象的存在，消费者在与企业的交换中可能承受由此带来的损失风险，消费者在消费服务而非实体产品时感知风险更大。为此，消费者必然产生降低风险的心理冲动和需求。但当消费者一旦决定购买，那么就是对这种风险产生了心理付出，由此消费者必然要求获得与此相对应的心理补偿，企业需要让消费者感知到未来交换做出的许诺，而恰恰是这种许诺降低了消费者因决定与企业交易而可能承担损失的风险。心理契约也就成为联系企业与消费者之间的心理纽带。

心理契约可以划分为交易型心理契约（Transactional Psychological Contract）和关系型心理契约（Relational Psychological Contract）两类，这种归类依据得到了广泛支持（Rousseau，1990）。② 交易型心理契约是指，关注具体的和短期的经济关系，基于追求经济的契约，这种契约可以称为货币化的交换。而关系型心理契约则更多建立在内在的、主观的理解之上，关注广泛的和长期的社会情感关系，追求社会情感方面的满足。相对于交易型心理契约，关系型心理契约能够让消费者产生较强的参与情感和归属感。运用社会交换理论③ 来阐释心理契约理论

① Turnley W. H. and Feldman D C. The Impact of Psychological Contract Violation on Exit，Voice，Loyalty，and Neglect. Human Relations，1999，52（7）.

② Rousseau，D. M. New Hire Perception of Their Own and Their Employers Obligations：A Study of Psychological Contracts.Journal of Organizational Behavior，1990，11（5）.

③ 有关社会交换理论的内容可以参见 Blau P. M. Exchange and Power in Social Life. New York：Wiley，1964.

的话，契约双方需要在保持关系平衡与公平方面做出努力。以消费者与企业的心理契约来看，倘若消费者感知到企业履行了心理契约，那么他将以积极的态度和行为对企业表示支持；反之，倘若消费者感知到企业违背了心理契约时，那么他将以消极的态度和行为来响应企业，从而降低对企业的支持甚至容易产生破坏情绪。

在组织领域研究员工对组织行为的反应上，经过众多学者努力逐渐发展起EVLN行为模型。Farrell（1983）在研究员工对待工作不满意（Job Dissatisfaction）时，总结出员工个体行为反应类型为EVLN（见图2-2），即个体的四种行为：退出（Exit）、呼吁（Voice）、组织忠诚（Loyalty）和忽略（Neglect）英文第一个字母。

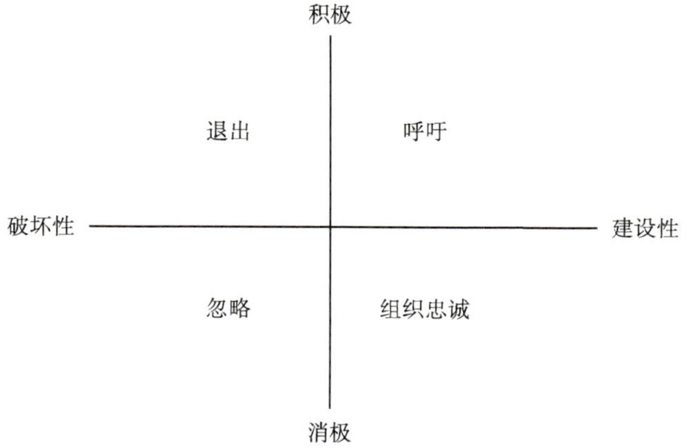

图2-2 EVLN个体反应分类模型

资料来源：Farrell D. Exit，Voice，Loyalty and Neglect as Responses to Job Dissatisfaction：A Multidimensional Scaling Study. Academy of Management Journal，1983，26（4）.

当员工意识到企业没有充分履行对员工的社会责任时，心理契约破坏便产生了（王文彬和李辉，2013）。心理契约破坏会影响员工对待企业和工作的态度及行为。当员工发现企业对员工其实没有那么好时，其协助企业完成绩效目标的主动性就会降低，对企业产生严重抵触情绪时可能会出现反生产行为，包括偷窃、挪用公款、旷工、搞破坏、散布谣言（张永军等，2010），其影响对企业的危害十分严重。相反，当员工感知到企业主动为员工承担和履行了社会责任时，便会对企业产生“回馈”的心理，主动完成工作任务，协助企业提升绩效表现。

2.1.3　归因理论

归因理论（Weiner，1980、1992）是目前在动机研究领域应用最为广泛的一种理论。它融合了行为矫正、认知理论与自我效能理论。具体来说，它认为学习者深受自我感觉良好这种结果的驱动就是融合了行为修正的内容；它强调学习者当前的自我感知将会深深地影响他们对当前所做出努力成功与否做出如何解读，因而未来也就倾向于类似的行为。

根据归因理论，人们根据以下三个方面来分析成败：首先，成败的原因在于内源的还是外源的，即把原因归结于自身因素还是外部环境因素。其次，决定成败的原因可能是稳定的，也可能是不稳定的。如果我们认为原因是稳定的，那么当人们在不同条件下实施同样行为时结果很可能也是一样的；反之，如果认为原因是不稳定的，那么在不同条件下，结果也就很可能大不一样。最后，成败的原因可控还是不可控。可控要素是那些我们认为自己可以改变的，不可控要素则不然。然而，这三个方面并非相斥。例如内源因素可以是可控的，也可以是不可控的。大多数人难以改变自身的基本智力条件或者由内向型性格变成外向型性格，而自身却可以控制和改变努力程度。外源因素也可以是可控或是不可控的。同样一个人选择一门很难的课程可能得低分，但是选择一门相对简单的课程则可能得高分。但是对于同一门课程来说，微积分很难，因为它很抽象，那么无论我们怎么做它都是抽象的。归因理论的一个重要假设就是人们为了获得积极的自我形象而对环境进行解读。这就意味着人们通常将成败的原因归结于尽可能让自己自我感觉良好的要素。具体来说，就是人们很可能把成功归于自己努力或自身能力的因素，而把失败归咎于不可控的外部要素或环境要素。

2.2 企业社会责任相关研究的综述

2.2.1 企业社会责任的概念

自企业社会责任这个概念产生以来，学术界一直没有统一的定义。根据可以查阅的资料显示，美国学者 Oliver Sheldon 于 1924 年在其著作《The Philosophy of Management》中提出的“公司社会责任”概念是迄今为止对该概念的最早阐述。然而 Sheldon 未能明确给出其对企业社会责任概念的定义，而仅仅是把公司社会责任与公司经营者满足产业内外各类需要的责任联系起来。

直到 1953 年，被称为“企业社会责任之父”的 Howard R. Bowen 出版了《Social Responsibilities of the Businessman》一书，拉开了关于企业社会责任现代辩论的真正序幕。Bowen 在书中将企业社会责任定义为企业按照社会价值进行决策并采取合乎有关政策的具体行动。[①] McGuire（1963）是将企业社会责任超越经济、法律义务去理解的，认为社会责任的概念已经假定了企业不仅具有经济和法律的义务，而且还超出这些义务对社会承担一些责任。[②] 尽管如此，McGuire 给出的定义也未能明确说明这些超出经济和法律以外义务的真正内涵。依据社会责任是否为法律法规以及政府法令所规定，企业社会责任可以归类为强制性责任（Coerced Social Responsibility）和自发性责任（Voluntary Social Responsibility），将自发性社会责任与强制性社会责任区分开来是很有必要的（Frederick，

① Bowen 在书中定义企业社会责任的原文是“to pursue those policies, to make those decisions, or to follow those lines of action which are desirable in terms of the objectives and values of our society”。详见 Bowen H. R. Social Responsibilities of the Businessman. New York: Harper & Row, 1953.

② 原文是“The idea of social responsibilities supposes that the corporation has not only economic and legal obligations, but not only economic and legal obligations, but also certain responsibilities to society which extend beyond these obligations.”。参见 Joseph W. McGuire. Business and Society. New York: McGran Hill, 1963.

1983）。[①] Eells 和 Walton（1974）认为，企业社会责任的本质要素随着时代的发展已经从企业的强制性义务转变为自发性的责任。[②]

1975 年，Davis 和 Blomstrom 在《Business and Society：Environment and Responsibility》一书中将社会责任定义为决策制定者在保障和促进自身利益的同时，采取措施保护和增加社会整体利益的义务。他们认为随着时代的变迁，社会对于企业的期望水准也会不断提高，企业的社会角色会跟着逐步扩大，于是无可避免地需要去承担社会责任。[③]

Carroll 给出了一个更为综合性的定义，他认为企业社会责任是在给定期间内社会对企业组织所具有的经济、法律、道德、慈善四方面期望的总和，如图 2-3 所示。[④] Carroll 认为企业在承担企业社会责任时应该考虑外部和内部利益相关者利益，认为 CSR 应该包括经济责任、法律责任、伦理责任和慈善责任四个部分。经济责任是企业最重要的社会责任，即企业要致力于降低成本、创造利润。企业在法律框架允许的范围内实现经济目标，即遵守环境保护、消费者保护、劳动法等相关法律法规。企业的行为还必须合乎伦理道德。企业可以依据自身实力贡献企业的“闲置资源”以改善社会（Carroll，1979）。社会责任的来源有两个：其一是企业活动对于社会所造成的冲击而产生的责任，也就是企业对社会的作为而产生的责任；其二是基于社会本身存在或潜在的问题而承担的责任，就是说企业能为社会做点什么（Drucker，1984）。[⑤]

---

① William C. Frederick. Corporate Social Responsibility in the Reagan Era and Beyond. California Management Review，1983，25（3）.

② Eells R.and Walton C. C. Conceptual Foundations of Business（3rd ed.）. Ontario，Irwin-Dorsey Limited，1974.

③ Davis Keith & Robe，L. Blomstrom. Business and Society：Environment and Responsibility（3rd ed）. New York：McGraw Hill，1975.

④ Carroll Archie B. The Pyramid of Corporate Social Responsibility：Toward the Moral Management of Organizational Stakeholders. Business Horizons，1991，34（4）.

⑤ Drucker Peter. The New Meaning of Corporate Social Responsibility. California Management Review，1984（26）.

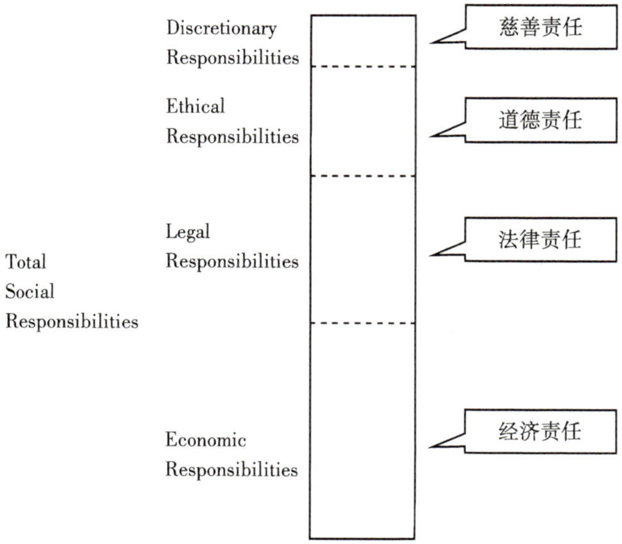

图 2-3　企业社会责任的类别

资料来源：A Three-Dimensional Conceptual Model of Corporate Performance. Archie B. Carroll. The Academy of Management Review，1979，4（4）.

其他学者对社会责任的定义包括：Petkus 和 Woodruff（1992）从扩展社会营销概念的角度，将企业社会责任界定为包括趋利、避害两个方面；① Griffin（1999）定义企业社会责任为组织针对企业处于的社会，为了保护和强化该社会所必须尽到的一系列义务；② McWilliams 和 Siegel（2001）认为社会责任是企业为超越法律对企业要求的某种利益而做出的更深程度的行动；③ Van Marrewijk（2003）将企业社会责任界定为公司的自愿性活动，并以此来表明企业把社会问题纳入到内部运营流程和利益相关者的互动过程中；④ Porter 和 Kramer（2006）则认为企业应该以战略性社会责任来替代回应性社会责任，进而减少有害社会的价

① Petkus Ed. Jr. and Robert B. Woodruff. A Model of the Socially Responsible Decision-Making Process in Marketing：Linking Decision Makers and Stakeholders. Proceedings of the Winter 1992 American Marketing Association，1992.

② Griffin Ricky W. Management（6th ed）. Boston：Houghton Mifflin Company，1999.

③ McWilliams A. and D. Siegel. Corporate Social Responsibility：A Theory of the Firm Perspective. Academy of Management Review，2001，26（1）. 他们对企业社会责任定义的原文是：Here we define CSR as actions that appear to further some social good，beyond the interests of the firm and that which is required by law.

④ Van Marrewijk M. Concepts and Definitions of CSR and Corporate Sustainability：Between Agency and Communion. Journal of Business Ethics，2003.

值链活动对竞争优势的影响并增强社会责任对竞争优势的促进作用，实现企业与社会的共同发展；[①] 等等。

由此可见，企业社会责任是一个相当复杂的概念，自从这一概念提出以来，学术界对于它的争论就从未休止过。然而，也正是在不断的辩论中，企业社会责任的概念和内涵才得以明晰起来。国外学者对企业社会责任的定义大致可分为两类：其一，从多个维度描述企业的主要责任；其二，基于社会营销的概念对企业社会责任做出界定。前者中 Carroll（1991）的界定最为引人注目，Carroll 从经济责任、法律责任、道德责任和慈善责任四个维度涵盖企业社会责任。后者则以 Drucker 和 Petkus 等为代表，将企业社会责任划分为强制性责任和自发性责任两部分。除了学者之外，国外一些非营利性机构也提出了测量企业社会责任的方法，其中具有影响力的包括美国全球报告提出的 GRI 体系、美国社会责任国际 SA 8000 体系、英国社会和伦理责任协会提出的 AA 1000 体系、英国标准协会的 SIGMA 体系等（蔡瑞林和陈万明，2014）。

影响较大的是由国际标准化组织颁布的全球第一个关于组织社会责任的国际标准 ISO 26000，这个标准对组织来说更多是自愿执行，而非强制性和法律性要求。其含义是“组织通过透明和符合伦理的行为，承担其决策和活动对社会和自然环境造成的影响”。在 ISO 26000 中，相应的绩效标准是企业需要统筹兼顾经济、社会和环境的全面、协调、可持续发展。为了实现 ISO 26000 标准，企业需要从企业内部到全球系统，从过去、现在到未来，从组织治理、人权、劳动力实践、环境、公平运营、消费者问题、社区参与和发展七个方面承担全部责任，并保持信息公开和透明，接受行业、政府、非政府组织、行业工会、消费者等利益相关者的监督（蔡瑞林和陈万明，2014）。

在国内学者方面，陈宏辉和贾生华（2003）在回顾了企业社会责任观的形成和发展过程后，试图从历史和逻辑相一致的角度来剖析企业的社会责任问题。其

① Porter M. and M. Kramer. Strategy and Society: Link between Competitive Advantage and Corporate Social Responsibility. Harvard Business Review, 2006.

基本结论是：企业是一种人格化的组织，企业能够而且必须对其经营活动所处社会系统的要求做出回应，承担相应的社会责任是其应有之义。他们依据现代企业理论和制度经济学把企业理解为不同群体间显性契约和隐性契约的交汇所构成的法律实体。根据这种观点，企业就是经营者与所有者之间的契约、经营者与雇员之间的契约等一系列复杂契约的合成体。那么为使得这个复杂契约合成体得以正常运行，企业行为必须平衡一系列目标不同且可能相互冲突的各利益相关者。①

徐尚昆和杨汝岱（2007）所写的一篇对企业社会责任概念进行归纳分析的文章当中总结了西方学者归纳出的企业社会责任主要维度，如表 2-3 所示。徐尚昆和杨汝岱（2009）在另一篇文章中提出，中国目前所采用的企业社会责任概念和测量量表基本上都是源自欧美等发达国家的研究成果，亟待对企业社会责任概念和测量进行本土化研究。由于中国特有的文化背景和制度安排，徐尚昆等通过设计一个归纳性分析，采用关键事件归纳的方法来确认中国企业社会责任的概念范畴，并在此基础上构建出包括员工发展、顾客导向、环境保护、公益慈善和经济责任五个维度反映我国企业社会责任的度量指标。②

表 2-3 西方学者归纳出的企业社会责任主要维度

维度	内容	来源
经济责任	创造财富和利润； 为社会提供有价值的产品和服务； 经济增长与效率； 确保企业可持续发展	Bowen，1953；Carroll，1979；Galb，1980；Eells & Walton，1961；McGuire & Backman，1963；Sethi，1975。类似的维度还包括“传统经济角色”（Davis，1979），企业应该承担的经济责任几乎得到所有学者的认同
法律责任	遵纪守法、依法经营； 在法律允许的范围内经营	Carroll，1979；Galb，1980；Davis，1979；McGuire，1963；Isabelle & David，2002 等
环境保护	不以环境的恶化和生态破坏为代价； 对环境和生态问题承担治理的责任； 环境保护与安全	Carroll，1979；Galb，1980；Davis，1979；Isabelle & David，2002 等
顾客至上	产品/服务的质量； 产品使用过程中的消费者安全； 不提供虚假广告，信息公开	Carroll，1979；Galb，1980；Amandi，1981；Davis，1979；Isabelle & David，2002 等

① 陈宏辉，贾生华. 企业社会责任的演进与发展：基于综合性社会契约的理解. 中国工业经济，2003（12）.

② 徐尚昆，杨汝岱. 中国企业社会责任及其对企业社会资本影响的实证研究. 中国软科学，2009（11）.

续表

维度	内容	来源
股东利益	为股东创造利润； 信息透明、防治交易腐败； 保护中小股东利益； 完善公司治理结构	Friedman，1962；Eells and Walton，1961；McGuire & Backman，1963；Sethi，1975；Carroll，1979；Davis，1980；其他的维度还包括"信息公开"、"创造利润承诺"（Isabelle and David，2002），股东利益这一维度基本上得到所有学者认同
员工发展	员工健康与工作安全； 员工技能开发与培训； 身心健康与工作满意、意义感； 发展和晋升机会平等； 保障体系以及稳定经济收入	Gallo，1980；其他类似的维度还有"职业健康"（Carroll，1979）；"机会平等"、"安全"（Isabelle & David，2002）等
平等	种族平等（种族歧视）； 性别平等（性别歧视）； 弱势群体机会平等； 地区发展机会平等（垄断）	Dennis R. Beresford，1974；Carroll，1979；James E. Grunig，1979；Isabelle & David，2002
社会捐赠/慈善事业	积极开展慈善活动； 积极参与慈善事业； 关注社会弱势群体； 支持教育与文化艺术事业	Carroll，1979 等；其他类似的维度包括"支持文化与艺术事业"、"支持和发展教育"（Isabelle & David，2002）

资料来源：徐尚昆，杨汝岱. 企业社会责任概念范畴的归纳性分析. 中国工业经济，2007（5）.

在回顾了以往文献对企业社会责任概念的界定后不难发现，这一概念的确复杂。在本书当中，笔者所探讨的企业社会责任界定为企业的自发性责任。这与 Frederick（1983）、McGuire（1963）、Eells 和 Walton（1974）、Van Marrewijk（2003）界定的企业社会责任概念思路一致，即将企业社会责任划分为基于经济和法律的强制性责任和自发性责任。本书所探讨的企业履行社会责任问题就是在探讨企业如何从事自发性社会责任的问题。而对于强制性责任而言（例如保障产品质量和安全等），笔者认为，企业必须不打折扣地履行，否则将承担相应的法律责任，本书暂不将其纳入研究范围。一些人可能会将企业从事自发性社会责任视为"作秀"。事实上，自发性社会责任也是非常重要的。抛开企业究竟出于什么目的而去从事自发性社会责任的问题，就企业从事自发性社会责任所能够带来的社会影响而言，企业愿意去做总比不做更有意义，更能够增加社会福利。如果把企业从事自发性社会责任视为"作秀"，笔者认为，这样的"作秀"多多益善。

2.2.2 企业社会责任研究发展的四个阶段

企业社会责任研究的发展大致可以划分为四个阶段。第一阶段发起于20世纪五六十年代，该阶段讨论的焦点在于企业社会责任是不是企业的义务。这一阶段集中讨论了关于企业领导（Davis，1960、1973）及企业（Carroll，1979；Sethi，1975）的道德责任问题。对于企业是否应该承担社会责任，早在20世纪70年代初就引起了广泛的争论。这种争论关注于企业代理问题。两位著名经济学家Friedman和Freeman分别提出了相互对立的观点。以Friedman为代表的新自由主义经济学派依据代理理论，认为企业履行企业社会责任实际上是经理人以牺牲、损害股东利益为代价的前提下将企业社会责任作为促进其社会、政治或职业生涯的一种手段（Friedman，1970）。Friedman一再驳斥企业应该更多地承担企业社会责任的论断，肯定追逐自身经济利益是企业唯一的任务。因此，在Friedman看来，企业从事企业社会责任本质上就是代理问题的一个典型症状。这与西方“股东至上”的公司治理思想一脉相承。另一部分秉承利益相关者理论的公司治理思想的学者则认为企业在经营过程中应该考虑利益相关者的利益，才能获得持续发展。利益相关者理论已经成为研究企业社会责任的主流范式框架。Freeman在一个开创性的论文中声称：企业与众多群体均有关系，这些利益相关者的利益都受到企业行为的影响，而且企业行为也受到这些利益相关者的影响（Freeman，1984）。因此，企业在赚取利润的同时，还需要对股东以外的其他利益相关者承担义务和责任，包括对企业员工、顾客、债权、资源合理利用、环境保护的责任，对所在社区的责任以及各种公益慈善行为等方面。企业只是有义务有益于社会并应当从事企业社会责任活动（Ackerman & Bauer，1976；Frederick，1983）。Sethi（1975）认为公司从事企业社会责任是为了获得合法性，并且是企业以此来获得可持续绩效的必要活动。Sethi的这一研究给后来从制度角度研究企业社会责任奠定了一定的理论基础。

直到20世纪70年代末期，研究者将企业社会责任理论推向第二阶段，即认为企业社会责任是企业的社会反应（Social Responsiveness）。在这一阶段，学者认为，企业的确有义务履行企业社会责任，但是关键在于企业如何做出反应。企业对此做出的反应可以分为四个层面，即所谓的 RDAP（Reactive，Defensive，Accommodative and Proactive）。这种企业反应从某种意义可以看作是企业社会责任理念在企业身上的内化程度。Reactive 到 Proactive 是一个由浅入深的过程。只有当企业真正将企业社会责任内化到自身战略与运营当中才会在企业责任领域提前采取行动，而不是简单地应付。

在此基础上，企业社会责任理论发展到第三阶段。学者给出并发展了企业社会绩效模型。企业在从事慈善等社会责任活动前还必须履行经济、法律、道德义务（Carroll，1979）。因此，企业的决策者应当顾及供应商、顾客、雇员等利益相关者来考量企业社会责任。在运用利益相关者理论管理企业的社会责任活动时，必须在制定和执行战略时考虑利益相关者的利益（Clarkson，1995）。也就是从这个时候起，企业社会责任理论开始与企业战略相联系。而利益相关者理论也一度成为考察企业社会责任的主流理论。Freeman 给利益相关者下了一个较为广泛的定义，即利益相关者是指能够影响企业目标实现或在企业目标实现过程所影响到的任何个人和群体。[①] 这意味着不仅影响企业目标实现的个人和群体属于利益相关者，而且受到企业目标实现过程所采取行动带来的影响的个人和群体也被纳入利益相关者的研究范畴，从而大大拓展了利益相关者的内涵。尽管如此，也有学者认为利益相关者管理还只是包括原则、过程和结果在内的完整的企业社会绩效模型的一部分（Wartick & Cochran，1985）。将社会层面（制度的、组织的和个人的层面）和基本道德原则引入模型后，必须在所有的企业社会责任活动和战略中贯彻这些原则（Wood，1991）。同时，也正是企业社会绩效模型的产生才引导了企业社会责任领域的实证研究。学者试图检验企业社会责任活动及其对企业的影响。这类研究大致分为三类，分别是单一的活动、活动类型以及指数研究。第一类单一的企业社会责任研究在很大程度上是识别善因营销（Cause-marketing）等（Ellen et al.，2000）某一活动并评估其企业从事该活动是否对企业有

① Freeman R. E. Strategic Management：A Stakeholder Approach. Pitman，Boston，MA，1984.

正向作用。第二类实证研究则侧重于对企业社会责任分类并检验它们对企业的影响，包括企业赠予（Corporate Giving）（Galaskiewicz，1997；Saiia et al.，2003）、环境管理（Sharma，2000；Sharma & Vredennburg，1998）等。在这些研究中，学者试图了解那些从事企业社会责任活动的企业是否能够取得更高的企业绩效。第三类是使用各种指数来剖析企业社会责任的本质特征及其对企业的影响。有些研究利用财富名誉指数（Fortune Reputation Index）和 Moskowitz Reputation Index（Brown，1997；Ferguson et al.，2000；Moskowitz，1972）。另外一些研究则采用 Ernst 和 Ernst 社会基金指数（Andson & Frankle，1980）、EIRIS 指数（Personnel Today，2003）、CEP 指数（Diltz，1995；Fogler & Nutt，1975）和 KLD 指数（the Kinder，Lydenberg，Domini）（Waddock & Graves，1997）。

第四阶段则是从各视角来剖析企业社会责任的阶段。从第三阶段来看，企业社会责任在管理学领域得到了充分的发展，有关企业社会责任的实证研究犹如雨后春笋般出现在国际学术界。然而，这一阶段的实证研究还主要是基于一些宏观指数来开展，研究的结果变量也常常拘泥于企业的财务绩效。随着研究的继续深入，开始有学者从某一利益相关者群体的视角来考察企业社会责任。这类文献多见于组织和人力资源领域以及市场营销领域，考察的利益相关者群体也相应地主要是企业员工、消费者和渠道商。

2.3 企业社会责任与消费者响应

消费者作为企业最为重要的利益相关者之一，在社会责任和营销研究领域均有一席之地。国外企业从事企业社会责任活动时，在考察消费者响应方面已经做出很多努力。国外学术界在这方面成果近年来逐渐增多。

美国学者 Lois A. Mohr 等在《Do Consumers Expect Companies to be Socially

Responsible? The Impact of Corporate Social Responsibility on Buying Behavior》[①] 一文中考察了消费者对企业社会责任的态度和看法。Mohr 等从事的研究项目考察了如下五个问题：第一，从消费者的角度来看，公司是否有承担社会责任的义务？第二，倘若公司应当承担社会责任，那么这种责任的特点是什么？第三，就单家公司的社会责任水平而言，消费者又了解多少呢？第四，消费者在多大的程度上关注企业的社会责任水平？他们的购买决策和投资决策会受到该因素的影响吗？原因何在？第五，消费者认为公司采取行动造福社会的动机是什么？他们认为公司是出于利己、无私抑或兼而有之而从事社会责任活动的呢？这是否存在一定的差异？

所谓社会责任消费者行为，就是消费者基于尽力最小化或消除不利于社会的效应，同时最大化有利于社会的效应来获取、使用及处置商品的行为（Mohr et al., 2001）。一个承担社会责任的顾客可能尽量避免从危害社会的企业购买产品，而积极从有利于社会的企业购买产品。那么，企业社会责任真的会影响消费者的购买决策吗？企业社会责任影响消费者购买决策的前提是消费者必须对某家公司的社会责任活动有所了解。为了提高消费者对该企业的社会责任认知，企业纷纷从事善因营销（Cause-related Marketing）活动，即企业为了提高销售、增加盈利而支持非营利组织或善因的社会责任活动。[②] 消费者对于企业从事善因营销的认知，学术研究领域还能有一些文献对此加以研究，[③] 而研究消费者对企业履行社会责任认知的文献则很少。大概是因为企业社会责任概念宽泛且复杂，难以测量。由此可以推断，对企业社会责任有所认知的消费者就更少了。

以往的绝大多数有关消费者响应的研究都没有考虑认知问题，而是假设消费

---

① 原文名为 Do Consumers Expect Companies to Be Socially Responsibility? The Impact of Corporate Social Responsibility on Buying Behavior. 该文刊登于 Journal of Consumer Affairs, 2001, 35 (1).

② Varadarajan, P. Rajan and Anil Menon. Cause-related Marketing: A Coalignment of Marketing Strategy and Corporate Philanthropy. Journal of Marketing, 1988, 52 (3).

③ 其中有 Webb 和 Mohr (1998) 在一项研究中采用非随机样本，发现只有 79%的消费者在向他们详细解释善因营销的概念后才能够描述某一具体的善因营销行为。参见 Webb Deborah J. and Lois A. Mohr. A Typology of Consumer Responses to Cause-Related Marketing: From Skeptics to Socially Concerned. Journal of Public Policy and Marketing, 1998, 17 (2).

者已经具有一定的认知水平了再去测量消费者响应。基于这样的思考，Mohr 等先后采用调查和实验两种方法来检验企业社会责任对消费者态度和购买决策的影响。运用调查方法来考察受到企业社会责任影响的消费者群体规模及构成，实验方法则被用于考察究竟企业社会责任是否能够影响消费者响应。Mohr 等的这项研究从学术角度上来说，有助于理解企业社会责任在消费者购买决策当中的潜在动态影响。对于积极实践社会责任消费者行为的消费者进行研究得到的结论反驳了消费者行为仅仅基于眼前利益的假设。同时，这项研究也为后来的研究提供了一些线索。例如，有必要研究消费者对负责任或不负责任企业的认知：消费者认为自己对此了解多少？他们所了解的信息准确性如何？他们的信息来源是什么？什么样的信息来源对他们影响最大？

基于研究发现，有一系列研究命题可以用来指导未来研究（Mohr et al., 2001）。第一，消费者对社会责任问题以及企业的社会责任水平了解程度与社会责任消费行为成正向相关关系。第二，消费者越是认为自己的购买能够影响企业行为，那么他们越有可能实践社会责任消费者行为。第三，相对于基于经济指标来定义生活质量的消费者，基于更广泛的指标定义生活质量的消费者更有可能实践社会责任消费者行为。第四，与支持负社会责任企业相比较，消费者更有可能会去抵制不负社会责任的企业。第五，消费者对于企业社会责任的理念（即认为企业应当负社会责任，社会责任最终为企业带来更高的盈利）与他们的实际行为（即在实际购买行为中不考虑企业社会责任）经常不一致。

Brown 和 Dacin（1997）在文中指出，尽管品牌理论者主张一个人对一家公司的联想会影响其对该公司产品的感知，但是此前几乎没有研究对该问题进行系统研究。他们在研究中检验了两种企业联想（Corporate Associations）对产品响应的影响。其一关注企业生产产品的能力，即企业能力联想（Corporate Ability Associations）；其二则关注感知企业的社会责任，即企业社会责任联想（Corporate Social Responsibility Associations）。企业能力联想是指与企业生产产品有关的联想。企业社会责任联想则是反映关于感知到的社会义务方面的组织状态和活动。①

在营销领域，对于公司形象的研究由来已久。但是有关企业联想如何影响产品响应的研究却寥寥无几。Brown 和 Dacin 试图探讨消费者对企业持有的不同类型认知联想如何影响消费者对该企业产品的评价，并把消费者对企业持有的认知联想划分为企业能力联想和企业社会责任联想两类。他们的这项研究主要做出了以下贡献：第一，他们为企业联想与消费者产品评价之间的关系提供了实证支持；简而言之，就是消费者了解到公司的哪些情况会影响他们对该公司产品的评价。第二，他们详细阐述了不同类型的企业联想（即企业能力联想和企业社会责任联想）都会对公司评价和产品评价产生重要影响，但是这两类企业联想影响产品响应的路径有所不同。第三，他们认为企业联想是企业产品评价的重要依据。他们采用在模拟情境下发放问卷的方法来获取数据进行模型检验。为了尽可能排除研究噪声，他们进行了三次模拟情境实验。图 2–4 和图 2–5 给出了其中两个实验的数据分析结果。

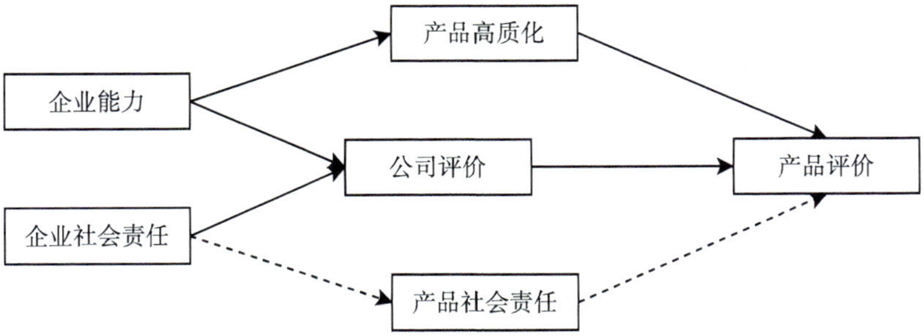

图 2–4　企业联想对新产品评价的影响路径（实验一）

资料来源：Tom J. Brown and Peter A. Dacin. The Company and the Product：Corporate Associations and Consumer Product Responses. Journal of Marketing，1997，61（1）.

今天的公司越来越有意识地参与到企业社会责任的规范和商业案例中(Smith et al.，2002)，而且企业不仅要做“好事”、“正确的事”，还得通过其对关键利益相关者的积极影响而努力“做得更好”。特别容易受到公司的企业社会责

① Tom J. Brown and Peter A. Dacin. The Company and the Product：Corporate Associations and Consumer Product Responses. Journal of Marketing，1997，61（1）.

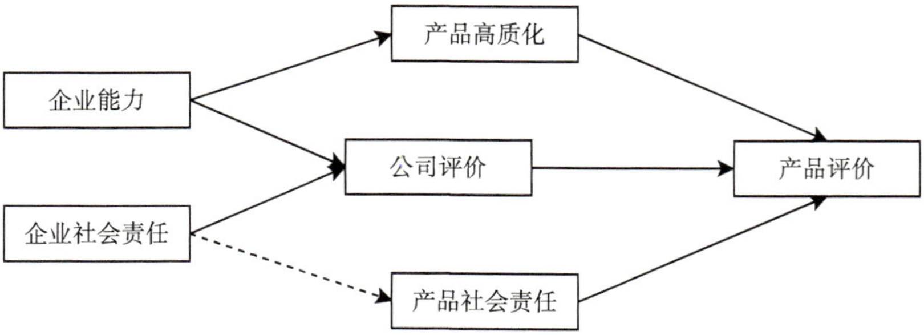

图 2-5　企业联想对新产品评价的影响路径（实验二）

资料来源：Tom J. Brown and Peter A. Dacin. The Company and the Product：Corporate Associations and Consumer Product Responses. Journal of Marketing，1997，61（1）.

任活动影响的重要利益相关者群体之一就是顾客。市场调查显示，公司的企业社会责任行为与消费者对公司及其产品的回应之间存在正向关系（Brown & Dacin，1997）。企业社会责任与消费者惠顾之间的正向关系促使公司在企业社会责任活动上投入更多的精力和资源。换句话说，近些年来获取更大消费者利润的诱惑为加强企业的企业社会责任实践做出了巨大贡献，并将有关企业社会责任的讨论从"是否要做"转移到了"如何做"。显然，搞清"如何做"的问题并不是三言两语就能解决的事。这不仅是道德上必要的事，企业领导们正尽力制定可以获取更大利益的企业社会责任活动的计划并做出相关部署。他们也同时意识到随之而来且颇为紧迫地测量各种企业社会责任项目所带来的回报的需求。通过理解消费者对企业社会责任的回应，公司可以形成从规范视角和商业视角都是最优的企业社会责任策略。这种理解结合了三个方面的观点，如图 2-6 所示。

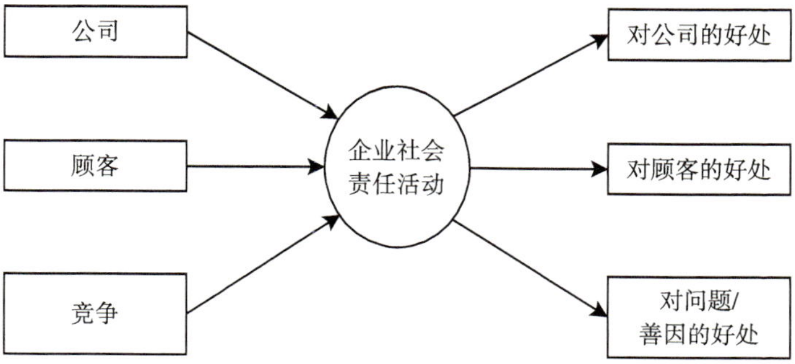

图 2-6　企业社会责任的权变视角

资料来源：C. B. Bhattacharya and Sankar Sen. Doing Better at Doing Good：When，Why，and How Consumers Respond to Corporate Social Intiatives. California Management Review，2004，47（1）.

图 2-7 给出了企业社会责任在何时、如何以及为何起作用的细节。通过运用诸如讨论组、深度访谈、问卷和实验的多种方法，关于消费者对 CSR 的多方面回应的研究支持了 Bhattacharya 等称之为权变的、以顾客为中心的 CSR 概念框架。这一概念框架如图 2-7 所示。

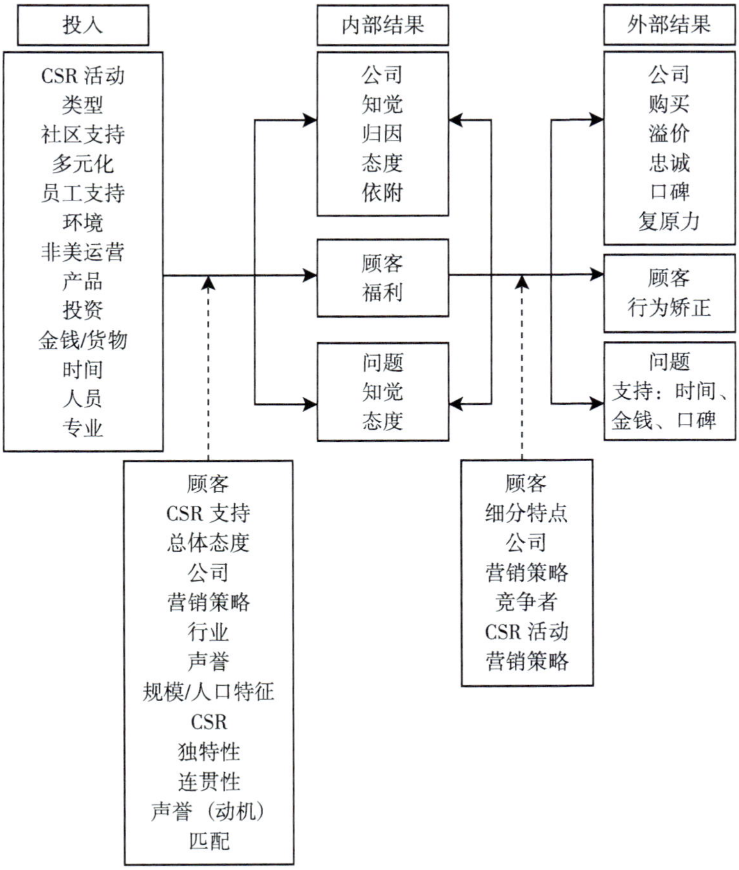

图 2-7　CSR 的概念模型

资料来源：C. B. Bhattacharya and Sankar Sen. Doing Better at Doing Good: When, Why, and How Consumers Respond to Corporate Social Intiatives. California Management Review, 2004, 47 (1).

Bhattacharya 等（2004）的研究得到三个重要发现：第一，消费者对企业社会责任活动的回应存在明显的异质性；对一个细分客户群体有效的，对另一个就无效。第二，企业社会责任活动对消费者的"内部"结果（例如知觉和归因）比"外部或可观测"结果（例如购买行为、口碑）的作用明显得多也更容易估计。

第三，目标公司不是唯一从企业社会责任活动中受益的，消费者和社会问题也得到好处。企业社会责任的这种多面作用使得它不同于其他传统的营销混合要素（例如促销），并且我们的研究还指出，只聚焦于企业社会责任对公司的行为好处的研究缺乏远见。基于这些发现，企业社会责任框架被划分为三块——公司方面投入、消费者方面内部和外部产出结果——也就是使得目标公司、消费者自己和社会问题都受益。根据在消费者响应中观察到的异质性，研究者提出的企业社会责任概念模型反映了两套“乘数效应”因素（用虚线所示的关系）在调节企业社会责任活动对内部结果的影响以及调节内部结果对外部结果的影响。这些因素大致被分为三类，即与公司有关的、与消费者有关的和与竞争有关的。

有些研究认为企业社会责任行为能够正向影响消费者对企业的态度。这种效应直接产生或者通过影响消费者—企业认同而间接产生。基于这种认识，Lichtenstein 等（2004）设计了三个研究来验证和拓展这一发现。研究一采用实地调查设计，结果表明感知的社会责任不仅能够通过消费者—企业认同来影响消费者的购买意向，而且能够影响消费者向非营利组织的捐赠。研究二和研究三采用实验设计的方法再次得到并拓展了研究一的结论，并且支持了消费者—企业认同对企业社会责任与消费者捐赠的关系起着中介作用的结论。[①] Lichtenstein 等着力考察了企业社会责任行为对非营利组织及企业的影响。研究中假设消费者对企业的认同可能导致他们对企业目标的额外支持，如图 2-8 所示，研究者假设企业社会责任感知能够正向影响消费者—企业认同，并且消费者更有可能直接支持那些受到企业支持的非营利组织以及企业本身。

从 Brown 和 Dacin（1997）对消费者的企业联想进行研究以来，许多研究已经注意到消费者对于公司/品牌负社会责任的理念（也就是企业社会责任形象）在其对企业社会责任的响应中所起的关键作用。消费者的企业社会责任形象与他们的 CA（也就是公司能力 Corporate Ability）理念并存，或者说他们与公司在生

① Donald R. Lichtenstein, Minette E. Drumwright and Bridgette M. Braig. The Effect of Corporate Social Responsibility on Customer Donations to Corporate-Supported Nonprofits. Journal of Marketing, 2004, 68 (4).

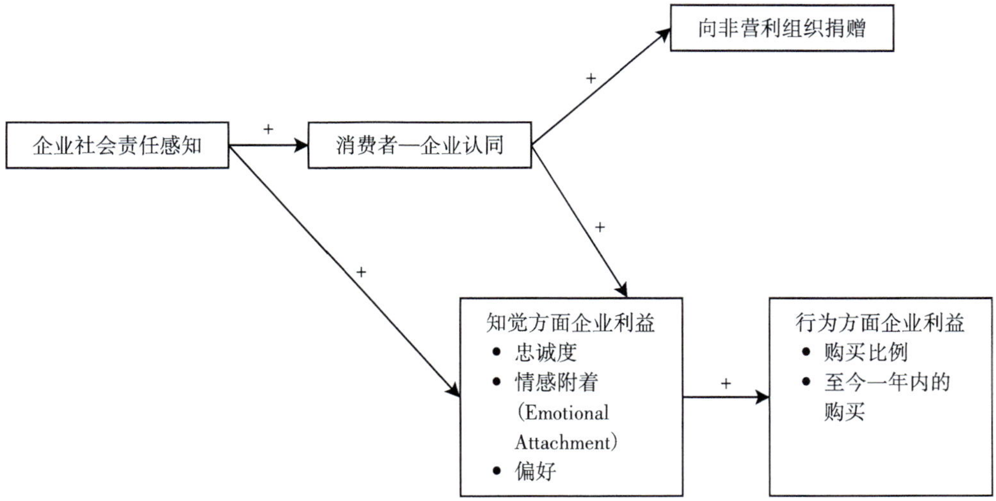

图 2-8　企业社会责任感知对企业及非营利组织利益的影响

资料来源：Donald R. Lichtenstein，Minette E. Drumwright and Bridgette M. Braig. The Effect of Corporate Social Responsibility on Customer Donations to Corporate-Supported Nonprofits. Journal of Marketing，2004，68 (4).

产和提供产品/服务的专业能力方面的理念密切关联。尽管消费者的交易型和关系型响应都是依赖于企业能力和企业社会责任两方面理念，本书更关注于后者。特别是，Du 等不仅试图理解消费者企业社会责任形象的现实决定因素和结果，还试图理解企业社会责任定位上的差异是如何影响这些关系的（见图 2-9）。

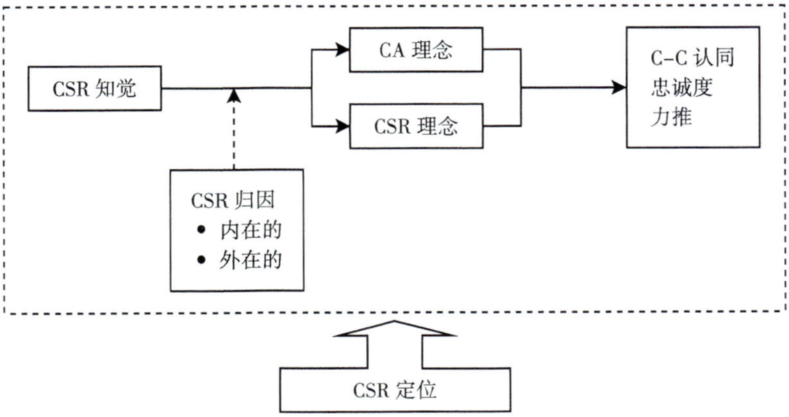

图 2-9　企业社会责任定位影响下 CSR 模型

资料来源：Shuili Du，C. B. Bhattacharya and Sankar Sen. Reaping Relational Rewards from Corporate Social Responsibility：The Role of Competitive Positioning. International Journal of Research in Marketing，2007 (24).

在实际市场中各种因素都在左右着消费者的决策，难以达到其他一切恒定的条件（Du et al.，2007）。因素之一就是竞争情境因素，而竞争情境的一个重要因素就是每个品牌在企业社会责任维度的相对定位。品牌随着它们依赖企业社会责任战略相对于竞争对手来给自己在消费者心目中定位的程度而变化。具体来说就是，许多品牌只是依附于善因，而有些品牌则不仅仅是从事企业社会责任，而且完全根据企业社会责任来给自己定位，成为家喻户晓的负社会责任的品牌。理解企业社会责任定位对消费者响应公司企业社会责任行动的作用成为迫切需要，因为相对于其他诸如运作优良性、产品创新或者亲近客户等更为传统的维度而言，这种定位策略具有独特性。因此，通过探究在真实世界、竞争情境下的交易型结果和关系型结果，可以丰富人们对企业社会责任战略收益的理解。特别是，研究者基于 Sen 等（2006）采用的实地研究来检验三种主要的酸奶品牌竞争定位对消费者企业社会责任形象（也就是说认为公司/品牌是负社会责任的观点），以及这些理念与品牌选择（也就是交易型结果）和一系列长期品牌力推行为，诸如积极口碑和对负面品牌信息的复原力（也就是关系型结果）所发挥的作用。

定位于企业社会责任的品牌相对于那些仅仅是参与企业社会责任而定位于传统的、诸如质量这样的产品维度的品牌被赋予一些优势（Du et al.，2007）。消费者不仅根据社会活动更清楚公司在做什么，而且会对其为什么这么做加以有利的推测。这不仅反映在并且正如预料的一样，更为强烈地认为公司是负社会责任的理念上，也积极地影响到其他领域，即消费者对品牌在非企业社会责任维度的表现的看法（例如公司能力的理念，Brown & Dacin，1997）。因此，消费者关于企业社会责任品牌的企业社会责任形象与诸如品牌忠诚和力推行为这样令人垂涎的关系结果的关系就更加强烈。有趣的是，尽管如此，这种竞争效益并未在基本的交易结果（购买）上得以体现。通过阐述这些差异，Du 等研究者试图在外部有效的背景下建立起主要从实验研究中得到的现有企业社会责任结果（Brown & Dacin，1997；Klein & Dawar，2004；Sen & Bhattacharya，2001）的边界条件。

总体来看，国外的学术研究目前都比较一致地认为消费者是关心企业履行社会责任与否的，认为企业履行社会责任行为有利于建立消费者对企业的信任，从而改变消费者的态度和行为。如 Handelman 等（1999）的研究表明：零售商对家庭、社区及国家的贡献会显著影响被试者对该零售商的支持程度，特别值得关注的是，当商店被描述为不利于社区家庭、不对当地慈善事业做贡献时，即使该商店的其他属性如何好，其支持率也不会高。Mohr 等（2005）的研究也表明：企业承担社会责任的行为会正向影响消费者对企业的评价和购买意向，反之，则会大大降低消费者的购买意向。这些研究为进一步考察和剖析企业社会责任对消费者的影响指明了方向，进而出现大量研究运用实验方法来试图论证：假设其他一切条件恒定的前提下，消费者会更愿意购买那些参与社会责任活动企业的产品（Brown & Dacin，1997；Sanker & Bhattacharya，2001、2006）。学者使用众多变量来揭示企业社会责任活动对消费者的影响。Du 等讨论了企业社会责任定位（CSR Positioning）对于消费者响应的影响。他们的研究发现：当消费者对企业持有积极的企业社会责任理念（CSR Beliefs）时，消费者不但会增加购买该企业产品的可能性，而且还会保持与企业的长期关系，包括忠诚（Loyalty）和力推行为[①]（Advocacy Behavior）等。诚然，也不是所有的企业社会责任动机（CSR Motives）都会得到消费者的认可，当某一品牌将自身定位于企业社会责任并将企业社会责任战略与企业核心战略相结合时才更有可能获得从事企业社会责任的特殊收益（Du et al.，2007）。Marin（2009）等的研究认为企业社会责任能够影响消费者对企业的评价进而影响其对企业的忠诚度，同时，企业社会责任会引发消费者对企业的认同（Customer-company Identification），这也会影响消费者的忠诚度。此外，他们还提出认同突出性（Identity Salience）对这些关系的调节作用。Lichtenstein 等（2004）设计实验研究了消费者对企业的认同在企业社会责任活动与消费者可感知的公司利益与行为利益之间关系中扮演的角色。Bhattacharya 等（2004）则阐述了消费者在何种情境下会对企业的企业社会责任动机做出反应，为什么会做出相应的反应以及做出怎样的反应。Du 等（2010）在另一篇文章中着重强调企业社会责任宣传（CSR Communication）影响企业社会责任行为与消

① Advocacy 译为支持、拥护、鼓吹。本研究把消费者的这种行为译为“力推行为”。

费者响应关系的作用，从传达内容和传达渠道两方面来考察企业究竟该如何较为有效地进行企业社会责任宣传。从国外这方面的研究发展趋势来看，进一步探索合适的变量来解释企业社会责任对消费者的影响仍是该领域的热点研究话题。

相比之下，国内这方面的研究还很少。尽管如此，国内学者也有在企业社会责任对消费者态度和行为的影响方面进行实证研究。鞠芳辉等（2005）建立了一个基于消费者选择的分析框架来分析企业社会责任标准及消费者补贴政策对企业策略的影响及其社会经济效果。研究发现，影响企业策略的主要变量是责任市场规模及消费者对责任产品的偏好强度。由此，他们认为消费者企业社会责任教育和企业社会责任信息的显性化是影响消费者选择，促使企业改善社会责任绩效的有效途径。周祖城等（2007）研究发现，企业的 CSR 在行业内的相对水平高低影响着消费者对其产品的购买意向的高低。常亚平等采用情境模拟法测量消费者在不同类型企业社会责任行为刺激下的购买意愿，以及产品价格对这种购买意愿的调节作用。结果发现，消费者的态度受到价格的显著影响，但不同的消费者群对履行了基本层或高级层社会责任的企业的产品有不同的可接受溢价范围（常亚平、阎俊和方琪，2008）。周延风等（2007）研究发现，企业社会责任行为与消费者响应之间的复杂关系，既受到消费者个人特征（如消费者是否支持企业社会责任行为）的影响，也受到产品自身特征（如价格信号）的影响，而且消费者对不同层次的企业社会责任行为的响应存在差别。谢佩洪和周祖城（2009）构建了一个包含企业社会责任行为、良好公司声誉、消费者对企业的认同和消费者购买意向在内的概念模型，并通过结构方程模型方法对模型进行实证检验，以探索企业社会责任对消费者购买意向产生影响的内在机理。研究结果表明，企业社会责任行为不仅对消费者购买意向产生直接的正向影响，还可以通过良好的公司声誉和消费者对企业的认同感对消费者购买意向产生间接的正向影响。公司声誉和消费者对企业的认同是企业社会责任行为对消费者购买意向起作用的中介变量。何小洲和刘晖（2011）研究发现，消费者对企业社会责任最直接的感知来自于他们实际从企业那里获得的价值，包括企业生产的产品和产品相关的配套售后服务。企业对消费者履行社会责任的基本在于做好自身产品和服务的本职工作。同时，良好的商业道德和社会公益行为也能为企业赢得更多消费者的青睐。如果企业在与竞争对手竞争的过程中保持公平正义、诚实守信的原则，不采用不正当竞争行为，投身于社会公益行为，保护自然环境、关怀弱势群体，消费者对企业的忠诚度和美誉度都会提高。在处理企业遭遇的危机时，企业更应该拿出及时、有效、客观和负责的态度，才能够转危为安，甚至让更多消费者深刻意识到，这样的企业是值得信赖的。田敏等（2014）发现，企业社会责任行为对消费者的品牌评价具有深刻的影响，尤其是与产品相关的行为以及慈善行为对消费者的品牌认知和评价影响更大。

2.4　已有研究的不足

综观现有的企业社会责任领域的相关研究，具有以下特点与不足：

第一，企业社会责任本身概念的内涵和外延都比较宽泛。对企业社会责任的研究也多数仍然限于阐述为什么企业要履行企业社会责任，而对企业如何行之有效地运用企业社会责任这一战略工具却少有文献加以涉及和研究。

第二，以消费者响应为视角来探讨企业社会责任行为的研究多出现于营销领域。从对这些文献采用的研究方法来看，这些文献在论证研究假设时通常采用的是实地实验的研究方法。实地实验的方法有其优越性，即能够较好地排除研究干扰因素的影响。同时，实地实验获得的数据也会大大降低研究结论的外部性。而且这些文献在实地实验中，通常仅以单一的企业社会责任行为来考察企业社会责任行为对结果变量的影响，这对综合考察企业社会责任行为显得有失偏颇。

第三，现有文献通常考虑的是工业企业从事企业社会责任的情况，比如汽车行业、奶制品行业等。但对服务性行业在从事企业社会责任方面的考量有所欠缺。事实上，随着产业结构的变化和调整，服务业在经济体中的地位变得越来越重要，服务业企业从事企业社会责任问题也会越发受到消费者的关注。

第四，现有探讨消费者响应视角下的企业社会责任研究文献在考察消费者处理企业社会责任信息的心理机制方面仍然力度不够，对例如归因、善因匹配等关键因素的分析和阐释显得不足。

2.5 本章小结

本章首先从利益相关者理论、心理契约理论和归因理论三方面阐述了本书的相关理论基础，进而对企业社会责任研究以及企业社会责任与消费者响应关系的文献进行综述。最后，归纳已有研究的不足并提出本书欲解决的问题。针对已有文献的不足，笔者准备解决如下几个问题：第一，企业通过从事企业社会责任行为究竟能够从消费者那里获得怎样的积极响应以及影响路径？第二，在消费者处理企业社会责任信息的心理机制中，消费者对企业的信任扮演着什么样的角色？第三，善因匹配和归因因素对企业社会责任行为转化为良好的企业社会责任形象有哪些影响？第四，为了达到从企业社会责任行为中获得商业回报的目的，企业该怎么做？

第 3 章　模型与假设

3.1　企业社会责任形象的结果

企业社会责任对消费者的作用主要体现在以下三个方面：第一，企业社会责任会影响消费者的常规消费行为，令消费者愿意以超越经济（价格）或者其他“理性”（例如产品质量）条件的考虑去购买产品或服务。第二，企业社会责任赋予企业晕轮效应，增加消费者对企业新产品的评价，进而引起非常规的消费。第三，企业社会责任可以视为公司陷入危机时的保险。当危机发生时，通过平时企业从事企业社会责任给利益相关者留下的良好印象来对抗危机的消极影响。

企业形象与人们对于某一目的地所持有的信念、想法和印象的总体[①]类似，即人们对该企业所持有的信念、想法和印象的总体（Baloglu & Brinberg，1997）。企业形象与企业自身所具有的物质和行为属性有关。企业形象主要由两种属性构

① Baloglu and Brinberg. Affective Images of Tourism Destination. Journal of Travel Research，1997，35(4).

成，即功能属性和情感属性[①]（Kennedy，1977）。从 Brown 和 Dacin（1997）针对消费者的企业联想进行研究以来，许多研究开始涉及消费者对于某公司或者某品牌在社会责任方面的理念（也就是企业社会责任形象）在消费者响应中所起的关键作用。与消费者的企业社会责任形象并存的另一个概念就是企业能力理念，即消费者关于公司在生产和提供产品或服务专业能力方面的理念。确切地说，企业社会责任形象就是企业从事企业社会责任行为后在消费者心中形成的有关该企业在企业社会责任方面的评价。企业形象是一个长期对比积累过程的结果。可以认为，企业社会责任形象是企业在社会责任方面的形象。

本书认为企业社会责任形象形成后，总体来看可以引起消费者响应的交易型结果和关系型结果。企业从事慈善活动可以获得交易型收益，即消费者会从自己认为更具积极的企业社会责任形象的食品连锁店那里购买更多商品（Lichtenstein et al.，2004）。企业在从事社区支持等企业社会责任活动后，会带来内部和外部结果。其中内部结果从企业、消费者和善因三个角度来看，企业方面的内部结果是：可以提高消费者对企业社会责任感知，引起消费者对企业从事企业社会责任的归因，形成消费者对企业在企业社会责任方面的态度，加强消费者对企业的拥护和支持；消费者方面的内部结果是使得消费者福利得到提高，善因或者说社会问题方面可以增强人们对它的重视程度。企业方面的外部结果是可以提高消费者对该企业产品和服务的购买、价格溢价（Price Premium）、忠诚度、口碑（WOM）和对不良影响的恢复能力（Resilience）；消费者方面的外部结果则表现为行为矫正（Behavior Modification）。社会问题方面的外部结果则是从时间、金钱和口碑上获得更多的支持。由于本书定位于站在企业的立场来进行研究，所以本书考察的结果变量只涉及企业有关的内部和外部结果（Bhattacharya & Sen，2004）。

3.1.1 交易型结果——购买意向

购买意向在营销领域的文献中占据着非常重要的地位。购买意向与消费者购

---

① Kennedy S. H. Nurturing Corporate Image. European Journal of Marketing，1977，11（3）.

买行为直接相关。许多研究都涉及这一构念。李东进、吴波和武瑞娟（2009）在《中国消费者购买意向模型——对 Fishbein 合理行为模型的修正》一文中借助合理行为模型的范式，以具有中国文化特点的面子意识和群体一致意识这两个变量取代合理行为模型中的主观规范这一变量，再加上行为态度这一变量以及行为意向作为结果变量构成中国文化影响下的消费者购买意向模型。他们以中国消费者购买手机为例来收集数据，并运用结构方程模型的方法对原模型和修正模型进行比较，结果发现修正模型对数据的拟合明显优于原模型，于是他们认为在中国文化情境下，消费者购买意向模型应当接受修正后的 Fishbein 模型。[①]

企业从事企业社会责任行为将影响消费者对其产品和服务的购买意向。而这种影响除了由企业社会责任行为直接影响购买意向外，还通过企业声誉和消费者对企业的认同感来间接影响消费者的购买意向，而且间接影响的强度要远远大于直接影响的强度（谢佩洪和周祖城，2009）。此外，国内外的众多研究都认为，企业社会责任对消费者的购买意向的确存在显著影响。较低的企业社会责任形象水平会大大削弱消费者对该企业产品和服务的购买意向，反之，较高的企业社会责任形象水平则会提高消费者对该企业产品和服务的购买意向。消费者的购买意向可以视为企业从事企业社会责任行为的交易型结果（Mohr & Webb，2001、2005）。

企业社会责任是影响消费者购买意向和购买决策的重要因素之一。消费者基于自身的利益考虑对企业的社会责任行为给予认同。一方面，企业主动履行社会责任会让消费者对企业留下“公平、正直、负责、诚实、守信”等正面印象，进而相信企业会为消费者提供可靠的商品和服务，消费者可以从企业履行社会责任的举动中对企业赋予信任，从企业中获得实际的好处。另一方面，消费者在响应履行社会责任的企业时，可以感受到对自我价值的认同，通过支持承担社会责任的企业进而向社会贡献自己的一份力量（马龙龙，2011）。

① 李东进，吴波，武瑞娟. 中国消费者购买意向模型——对 Fishbein 合理行为模型的修正. 管理世界，2009（1）.

3.1.2 关系型结果——忠诚与力推行为

客户关系管理（Customer Relationship Management）是营销学研究的另一个重要领域。该领域主要围绕企业与消费者之间关系建立和维护的话题展开研究。关系营销被定义为企业通过一定方法吸引新顾客和挽留老顾客，并不断加强企业与顾客关系的一系列营销活动。[①]《关系营销——为利益相关方创造价值》一书阐述了关系营销的演变及基本原理，并将营销理论从交易型营销发展到关系型营销。企业社会责任行为经由一系列复杂的内在机理转化为消费者对该企业持有的企业社会责任形象，这种企业社会责任形象带来的不仅仅是交易型结果，还包括关系型结果。而且，研究认为，相对于短期的交易型结果而言，企业社会责任形象给企业带来的主要是长期的关系型结果。消费者忠诚与力推行为是两个非常重要的关系型结果。

有关消费者忠诚的早期研究主要是通过对消费者的重复消费行为来进行考察。例如，Tucker 将连续 3 次购买定义为忠诚，[②] 而 Blattberg 和 Subrata 则通过购买行为在所有消费者行为中所占的比例来度量忠诚。[③] 可以看出，消费者的重复消费行为即被视为忠诚。那么对于企业而言，从中得到的管理启示就是必须致力于提高消费者重复购买的概率。然而，从本质上来说，顾客重复购买并不能说明消费者对企业就有忠诚感，很有可能顾客重复购买只是基于企业促销活动本身而产生的结果。一旦企业不采取促销措施，顾客立马就购买企业竞争对手的产品和服务。因此，忠诚的顾客应当不仅仅表现为重复购买同一企业的产品或服务，而且应该表现出对该企业或品牌的高度偏爱（张新安和田澎，2007）。忠诚是顾客对自己偏好的企业或品牌的承诺，不管外部环境和企业营销力量如何变化，都会

---

① ［英］马丁·克里斯托弗，阿德里安·佩恩，［澳］大卫·巴伦泰恩. 关系营销——为利益相关方创造价值. 北京：中国财经出版社，2005.

② Tucker W. T. The Development of Brand Loyalty. Journal of Marketing Research，1964（1）.

③ Blattberg R. C. and Subrata S. K. Market Segments and Stochastic Brand Choice Models. Journal of Marketing Research，1976，13（1）.

在未来持续一致地重复购买和消费该企业或品牌的产品和服务（Oliver，1997）。[①]

根据重复消费行为和取向态度两个维度，忠诚可以划分为四种类型，即真正忠诚、潜在忠诚、虚假忠诚和不忠诚。所谓真正忠诚，是指消费者对企业或品牌具有高的取向态度同时伴随着高的重复购买行为，属于消费者发自内心的喜爱而引发的频繁购买，即使竞争对手的促销活动也难以使得消费者改变选择。本书在讨论企业社会责任的关系型结果引入的忠诚度概念即指这种真正忠诚。消费者忠诚是企业竞争力的重要决定因素，是企业长期利润的来源。可以说，消费者忠诚已经成为考核企业活动成效的重要标尺。已有学者考察了企业形象这一重要营销活动变量对消费者忠诚的影响（张新安和田澎，2007）。

在营销学文献中，大量学者已经注意到了企业形象对于消费者行为尤其是消费者忠诚具有重要影响。Bloemer 和 Ruyter（1998）认为对于特定的商店，其商店形象能够通过提高顾客满意度来影响消费者忠诚度。[②] Bloemer 等（1998）则论证了银行形象、服务质量感知和满意度在全球化水平的零售银行业如何影响消费者忠诚。[③] 具体来讲，就是认为银行形象通过影响消费者的服务质量感知来间接地影响消费者对银行的忠诚度。Nguyen 和 Leblanc（2001）发现消费者忠诚与企业形象和企业声誉之间存在一定的相关性。企业形象和企业声誉越好，消费者忠诚度也就越高。[④]

力推行为（Advocacy Behavior）是消费者的长期企业/品牌力推行为，包括积极的口碑、对负面品牌信息的矫正恢复等行为（Du et al.，2007）。口碑交流是消费者态度和行为趋向的重要影响方式。在消费者的购买决策当中，口碑推荐往往起着非常重要的作用。这是因为口碑通常被信息接受者认为是非商业性的，这样

---

① Oliver R. Satisfaction：A Behavioral Perspective of the Consumer. New York：McGraw-Hill，1997.

② Bloemer and Ruyter. On the Relationship between Store Image，Store Satisfaction and Store Loyalty. European Journal of Marketing，1998，32（5/6）.

③ Bloemer，De Ruyter and Peeters. Investigating Drivers of Bank Loyalty. International Journal of Bank Marketing，1998（16）.

④ Nguyen，N. and G. Leblanc. Corporate Image and Corporate Reputation in Customers' Retention Decision in Services. Journal of Retailing and Consumer Services，2001，8（4）.

大大提高了信息的可信度。这种口碑实际上是信息传播者和接受者关于企业产品或服务看法的非正式传播。口碑从效果上来看可以分为积极的口碑和消极的口碑。企业从事企业社会责任行为从本质上来说是希望建立起良好的企业社会责任形象。良好的企业形象非常有助于积极口碑的形成。当消费者感到企业极具社会责任感时，他或她会感到愉悦和激动，由此产生进行积极口碑宣传的冲动。反之，当消费者感到企业在企业社会责任方面不作为或者作为不佳时，他或她就很有可能因为对该企业的不满而对该企业进行消极口碑的宣传。积极的口碑可以看做一种重要的力推行为，这种力推行为的内涵在于消费者向其他消费者极力推荐某企业的产品或服务。而另一种重要的力推行为就是在有关企业的负面信息曝光后，消费者愿意忽视甚至原谅企业偶尔的过失，站出来为企业说话，力图削减负面信息对企业的不利影响。这种效用被称为“Resilience”，即消费者认为“对于企业来说，如果我知道它做了我不欣赏的事情，我仍将给它机会改正”。消费者之所以愿意低调处理或者说尽量削弱有关企业的负面信息是因为他们认为企业社会责任是“建立声誉蓄水池”的重要因素（Bhattacharya & Sen，2004）。企业社会责任通过提升消费者满意度、消费者对企业的信任和情感承诺这三种机制来影响消费者的忠诚度，并对消费者的力推行为产生作用（谢毅等，2013）。为此，企业可以将企业社会责任策略视为长期的战略性投资。因此，本书提出以下假设：

H1：企业社会责任形象对消费者的购买意向具有正向影响。

H2：企业社会责任形象对消费者的忠诚度具有正向影响。

H3：企业社会责任形象对消费者的力推行为具有正向影响。

3.2 消费者—企业认同的中介效应

消费者—企业认同是指消费者基于自身与该企业存在着本质上交叠的感知而

对企业产生精神上的依附（Du et al., 2007）。根据社会认同理论（Social Identity Theory）和自我归类理论（Self-categorization Theory），人们通过自我定义而自觉将自己归类于某一个群体。当企业从事企业社会责任活动时，实际上已经赋予了自身人格化的特征。当消费者感知某企业组织的行为符合自己的规范和价值观时，他们就会认为该企业与自己存在一定的共同点，进而使得他们以成为该企业的客户而感到加倍自信。一旦消费者对企业的认同形成，消费者与企业的长期关系也随之建立，那么消费者对该企业的忠诚度也就越高，也更愿意向亲朋好友推荐该企业的产品或服务。

Lichtenstein 等（2004）论证了前人的研究（Sen & Bhattacharya, 2001），他们认为消费者—企业认同是企业社会责任形象的重要"内在"结果。这种"内在"结果会影响"外在"结果。有趣的是，这种认同并不在消费者对企业社会责任行为的交易型回应中扮演中介的作用（Lichtenstein et al., 2004）。尽管如此，越来越多的研究认为消费者—企业认同更可能驱动着消费者对公司或品牌的长期关系型回应而非产品购买的观点（Bhattacharya & Sen, 2003）。前人关于消费者—企业认同的研究（Bhattacharya & Sen, 2003; Maignan & Ferrell, 2004）认为，消费者对企业认同导致人们对公司及产品产生心理依附并加以关注，这种基于"灵魂"的认同促使消费者自愿为达到公司目标而付出更多的努力。由此可见，基于企业社会责任的消费者—企业认同可能带来广泛的关系型行为，例如超越"理性"条件的购买（Lichtenstein et al., 2004），消费者对企业现有产品或服务的忠诚（使得企业能够保有顾客）、消费者愿意尝试公司新产品或新服务（使企业获得跨行业多元化经营的销售和发展机会）、传播有利口碑以及在企业出现产品危机时帮助企业抵御负面信息（Klein & Dawar, 2004）。假定有利企业社会责任形象可能是消费者—企业认同（Bhattacharya & Sen, 2003; Lichtenstein et al., 2004）的重要驱动，那么这种理念便会加强消费者与品牌的关系，从而产生力推行为。由于企业社会责任形象的决定因素，假设这种理念的结果通过消费者—企业认同的间接作用来实现。越是在企业社会责任领域表现突出的企业，消费者越显示出高的认同并进而导致忠诚和力推行为。将企业社会责任活动与企业核心经营战略相结合并且进一步将企业社会责任作为品牌本质或"灵魂"的企业向具有社会责任意识的消费者呈现出了更为清晰、更加真诚的企业社会责任身份。相对于基于诸如质量或价格这样的传统意义上的企业能力进行定位的企业，基于企业社会责任定位的企业可能在引发消费者识别上更为有效(Bhattacharya & Sen，2003)，企业的社会责任形象更容易在目标客户中引发消费者—企业认同并产生忠诚和力推行为。而且，当企业的社会责任行为符合了消费者对自我的界定时，消费者便会对企业产生认同的联想，不管是已经实现购买的消费者还是广大的潜在消费者都会对企业做出消费者公民行为，例如购买、忠诚、力推或配合企业提供反馈等有利于企业的行为（曹光明等，2012）。因此，本书提出以下假设：

H4：企业社会责任形象对消费者—企业认同具有正向影响。

H5：消费者—企业认同对企业社会责任形象与消费者购买意向的关系具有中介作用。

H6：消费者—企业认同对企业社会责任形象与消费者忠诚度的关系具有中介作用。

H7：消费者—企业认同对企业社会责任形象与消费者力推行为的关系具有中介作用。

3.3 企业社会责任形象的前因

目前，学术界和实务界对于消费者的企业社会责任形象是如何形成的知之甚少。从本质上来说，企业社会责任形象就是企业在社会责任方面给消费者塑造的形象。这种企业形象的塑造需要企业长期从事社会责任活动，并且力求在此过程中给消费者留下真诚的印象。然而，企业从事社会责任的方式和内容不同，在消费者心目中形成的企业社会责任形象也有所不同。以 2008 年中国"汶川大地震"

企业捐赠为例，企业慈善捐赠金额的大小和行动的早晚造成的消费者反应就不同。企业在大灾难中行动越晚，负面的消费者回应越是激烈。同理，捐赠金额相对于企业规模而言过低，那么就会被消费者认为是不真诚的捐赠，由此，消费者反应也越是消极。影响企业社会责任行为塑造有利企业社会责任形象的因素很多，本书主要讨论信任、归因和善因匹配这几个因素。

3.3.1　信任

信任是一种积极的期望结果，这种结果基于交易中一方在不确定性条件下另一方期望发生的行为（Bhattacharya et al.，1998）。[①] 有关信任的研究对信任的理解可以划分为三类，即个人特征、人与人交易的特性以及制度现象（Lewicki & Bunker，1995）。人格心理学家将信任定义为个人特征。社会心理学家将信任视为交易中对他人行为的期望，主要考察发展和维持信任的因素。经济学家和社会学家则对降低担忧和不确定性的制度和激励感兴趣。综合这些观点，可以总结出看待信任的不同视角。首先，信任在确定的情境下毫无意义，离开不确定性，信任不复存在。其次，信任是一种预测或者说是一种期望。再次，信任必须存在于相互依存的环境中。最后，信任意味着期望积极的行动结果。

基于此，品牌信任是在风险情境下，出于对品牌品质、行为意向及该品牌履行承诺的能力，消费者对该企业表达正面预期而认可的意愿（袁登华，2007）。[②] 由此可见，品牌信任包含了三个方面的内容，即品质信任、善意信任和能力信任。具体来说就是，品质信任是消费者对该品牌产品和服务的信任，善意信任是消费者在品牌进一步改善品质以及相关问题上的信任，能力信任即消费者对该品牌履行承诺能力的信任。企业社会责任行为在塑造成功的企业社会责任形象方面有赖于消费者对企业发出信息的处理。当消费者越是对企业表示较高的信任程度

---

① Rajeev Bhattacharya，Timothy M. Devinney and Madan M. Pillutla. A Formal Model of Trust Based on Outcomes. The Academy of Management Review，1998，23（3）. 该文献原文是：Trust is an expectancy of positive（or nonnegative）outcomes that one can receive based on the expected action of another party in an interaction characterized by uncertainty.

② 袁登华. 品牌信任研究脉络与展望. 心理科学，2007，30（2）.

时，企业从事企业社会责任活动后，消费者越倾向于相信企业的真诚，从而有利于企业在消费者心目中树立良好的企业社会责任形象，进而影响消费者对该企业的忠诚度等。而当消费者对企业表示较低的信任程度时，企业在从事企业社会责任后，甚至会引起消费者的质疑，结果适得其反，强化了企业在消费者心中的不良形象，这就有悖于企业在从事企业社会责任时希望在消费者心目中形成良好形象的愿望。

3.3.2 善因匹配

众多研究表明企业从事企业社会责任会减少当期的企业利润而对企业长期利润是有贡献的。在企业责任目标与企业利润目标相冲突的情况下，善因营销（Cause-related Marketing）应运而生，它被认为是社会营销的有效战略工具。善因营销可以将企业的责任目标与利润目标有机融合。由于企业的善因营销活动，消费者购买该企业产品和服务的意向也会大大增强。[①] 很多企业通过支持慈善活动的善因营销策略树立和保持良好的品牌形象，从而提高产品销售。尽管这些研究发现虽然鼓励企业采用善因营销手段，但是却难以衡量善因营销对消费者的积极响应到底有多大的贡献。尽管如此，消费者仍倾向于认为采用善因营销方式的企业承担社会责任感。那么，企业从事善因营销活动就具有积极意义。将善因营销概念中的善因借用到企业社会责任行为上来，企业在从事企业社会责任行为时也需要针对具体的社会问题。而这些社会问题从本质上来说就是企业为了表达善意而愿意关注且投入资源的标的。在善因营销中，通常需要将企业产品与某种特定积极要素相结合。以活动赞助（Event Sponsorship）为例，某产品总是与公众偏好的事件联系在一起。例如奥运赞助商希望通过与奥运会联系在一起而给消费者留下良好的印象。善因营销尤其需要重视去寻求消费者抱有积极态度的社会问题。对于这种策略来说，存在一个匹配的问题，即产品和与之相联系的主题之间

---

① Smith, Scott M. and David S. Alcorn. Cause Marketing: A New Direction in the Marketing of Social Responsibility . Journal of Consumer Marketing, 1991, 8 (3).

的匹配问题。许多文献都提到"匹配"话题，但是却很少有文献去触碰"匹配"的本质。在有关品牌延伸的文献当中（Park et al.，1991），新产品与品牌之间的感知匹配被定义为源自特征类似性和形象一致性等多重方面的联想。[①] 当企业品牌与社会问题面向类似的受众时，两者之间的匹配会被认为比较高。例如，石油化工企业将一定比例的年利润用于治理石油污染或者绿化，就会被认为具有比较高的匹配程度。当企业品牌与某个社会问题享有共同的价值观时，企业品牌给予这类社会问题相应的支持也会被认为具备较高的匹配程度。例如，作为目前世界上拥有最大规模和最多产品种类的医疗保健公司之一的强生公司向红十字会进行捐赠或赞助，两者都是围绕人类医疗保健事业做出自己的贡献，那么强生公司的这一行为就会被认为具有高的匹配性。与企业社会责任有关的善因匹配是指企业从事 CSR 给消费者带来的联想与产品引起的联想之间的相似程度。善因匹配会影响消费者响应（Dacin et al.，2002），[②] 详尽的概念模型解答了企业应当支持哪些善因的战略问题，其结论是高的善因匹配能够帮助企业支撑现有的品牌联想（Hoeffler et al.，2002）。[③] 善因匹配高还可以提升对赞助企业的积极评价（Rifon et al.，2004）。[④] 尽管如此，实践当中却有诸多企业经常赞助与公司核心业务没什么联系的善因，因而表现出低的善意匹配。这或许成为企业从事企业社会责任行为后最终以"打水漂"而告终的原因之一。

综上所述，本书在此提出如下假设：

H8：企业社会责任行为对企业社会责任形象具有正向影响。

H9：信任对企业社会责任行为与企业社会责任形象关系具有正向调节作用，

---

① Park，C. Whan，Sandra Milberg and Robert Lawson. Evaluation of Brand Extensions：The Role of Product Feature Similarity and Brand Concept Consistency. Journal of Consumer Research，1991，18(2).

② Dacin Peter A. and Tom J. Brown. Corporate Identify and Corporate Associations：A Framework for Future Research. Corporate Reputation Review，2002，5 (2/3).

③ Hoeffler Steven and Kevin Lane Keller. Building Brand Equity through Corporate Social Marketing. Journal of Public Policy & Marketing，2002，21 (1).

④ Rifon Nora J.，Sejung Marina Choi，Carrie S. Trimble and Hairong Li. Congruence Effects in Sponsorship：The Mediating Role of Sponsor Credibility and Consumer Attributions of Sponsor Motive. Journal of Advertising. 2004，33 (1).

当信任度越高时，企业社会责任行为影响企业社会责任形象的作用越大；当信任度越低时，企业社会责任行为影响企业社会责任形象的作用越小。

H10：善因匹配对企业社会责任行为与企业社会责任形象关系具有正向调节作用：当善因匹配程度越高时，企业社会责任行为影响企业社会责任形象的作用越大；当善因匹配程度越低时，企业社会责任行为影响企业社会责任形象的作用越小。

3.4 企业社会责任归因

尽管研究者已经提到了作为消费者企业社会责任形象前兆的企业社会责任知觉的重要性（Bhattacharya & Sen，2004；McWilliams & Siegel，2001），但是对于这一联系的考察仍寥寥无几。Sen 等（2006）在考察消费者对具体企业慈善行为响应的实地研究中发现，消费者对慈善活动的知觉是消费者认为公司承担社会责任感的前提。企业在从事各种企业社会责任行为后，不一定就能在消费者心目中形成有利的企业社会责任形象。

随着消费者消费意识的增强，当企业从事企业社会责任活动时，一些消费者甚至会对企业的这一行为产生疑惑，从而加以质疑。企业要想成功地通过实施企业社会责任行为获益，就必须尽量减少消费者的质疑。因为这种转化很有可能会随着消费者对企业社会责任行为潜在动机的归因而变化，而且前人的研究（Forehand & Grier，2003；Sen et al.，2006）认为，消费者在获悉企业从事企业社会责任的信息时会频繁地产生归因。[①] 这种归因可以划分为内在动机（Intrinsic Motives）和外在动机（Extrinsic Motives）两方面（Ellen et al.，2006）。外在的或

① Forehand M. R. and Gier S. When is Honesty the Best Policy? The Effects of Stated Company Intent on Consumer Skepticism. Journal of Consumer Psychology，2003，13（3）.

者说是利己动机的最终目标在于增加品牌自身的福利（例如增加销售/利润或者提高企业形象），而内在的或者说利他动机的最终目标则在于做好事并尽到自己对社会的义务（例如惠及社区或企业社会责任行动关注的善因等）。很显然，外在动机和内在动机并不被认为是统一体的两端。消费者对于企业在企业社会责任方面的努力所做出的利他归因在消费者企业社会责任知觉与企业社会责任形象的关系中发挥着积极的调节作用（Sen et al.，2006）。因此，笔者在本书中假设当消费者对企业从事企业社会责任的潜在动机做出利他归因时，企业社会责任行为会导致更加积极的企业社会责任形象。

此外，有关质疑[①]（Fein，1996）和说服知识模型（Campbell & Kirmani，2000）认为一个品牌的企业社会责任行动被消费者感知到其潜在外在动机后将削弱企业社会责任形象的有利效应。[②]因此，消费者经常认为企业从事企业社会责任行动至少部分地出于利己的驱使（Ellen et al.，2006），而这样的归因很可能最后导致即使企业从事企业社会责任行为，消费者也并不认为企业真正地负社会责任。换句话说，利己归因可能是企业社会责任行为与企业社会责任形象关系的消极调节变量。大部分企业从事企业社会责任行为的归因是兼而有之型，即既出于利己又有利他的成分（Ellen et al.，2006）。当能够明确了解企业从事企业社会责任行为的动机时，消费者对于企业的利己动机甚至愿意给予一定的理解与宽容。这跟过去研究的结论大有不同，过去的研究认为当消费者明显感觉到企业从事 CSR 的利己动机时，他们对此表示出消极的响应。而且，当消费者意识到企业从事企业社会责任行为的归因是既利己又利他时，会比单纯地感知到仅仅利己动机或者利他动机时表现出更加积极的响应（Ellen et al.，2006）。因此，企业承认内在和外在两方面的动机才能有效抑制利益相关者的质疑，从而增强企业从事企业社会责任的可信性和善意（Forehand & Grier，2003）。

---

① Fein S. Effects of Suspicion on Attributional Thinking and the Correspondent Bias. Journal of Personality and Social Psychology，1996，70（6）.

② Campbell M. D. and Kirmani A. Consumers' Use of Persuasion Knowledge：The Effects of Accessibility and Cognitive Capacity on Perceptions of an Influence Agent. Journal of Consumer Research，2000，27（1）.

善因匹配程度对企业社会责任行为与企业社会责任形象之间关系的调节作用随着消费者对企业的归因而变化。笔者假设善因匹配程度对消费者在形成对企业的企业社会责任形象时发挥的作用严重依赖于他们的归因，包括内在和外在。倾向于对从事企业社会责任行为企业做出利己归因的消费者而言，无论企业从事善因匹配程度高还是低的企业社会责任行为，企业社会责任行为与企业社会责任形象的关系不会发生强烈变化。而就倾向于对从事企业社会责任行为企业做出利他归因的消费者而言，从事善因匹配程度高的企业在从事企业社会责任行为后更有可能转化为消费者心目中有利的企业社会责任形象。在倾向于做出利他归因的消费者眼中，从事善因程度高的企业社会责任行为意味着企业对企业社会责任给予的密切关注，由于与自身业务紧密相关，消费者会认识到企业从事社会责任活动的诚意。因此，相对于竞争对手而言，消费者可能以更系统而非外围式或试探式的方式来处理企业发出的企业社会责任信息（Chaiken & Trope，1999）。由此，消费者不仅在企业从事“什么”企业社会责任上进行考量，而且在“为什么”上也加以权衡。因此，本书在此假设：

H11：善因匹配的程度对企业社会责任行为与企业社会责任形象关系的影响取决于消费者的企业社会责任归因：当消费者认为企业出于利己的考虑而履行社会责任的看法越强时，善因匹配程度对企业社会责任行为与企业社会责任形象之间关系的影响趋于消失；反之，消费者认为企业出于利他的考虑而履行社会责任的看法越强时，善因匹配程度就会更加强化企业社会责任行为与企业社会责任形象之间的联系。

3.5 本章小结

基于第 2 章的文献梳理与探索，以及围绕本书开始提出的研究问题，本章构建了本书的研究模型和假设。结合本章构建的理论和提出的假设，本书的概念模型如图 3–1 所示。模型可以划分为两大部分：一部分在于阐释企业社会责任形象对消费者响应的影响；另一部分旨在考察信任、善因匹配和归因在企业社会责任行为转化为企业社会责任形象过程中所发挥的作用。

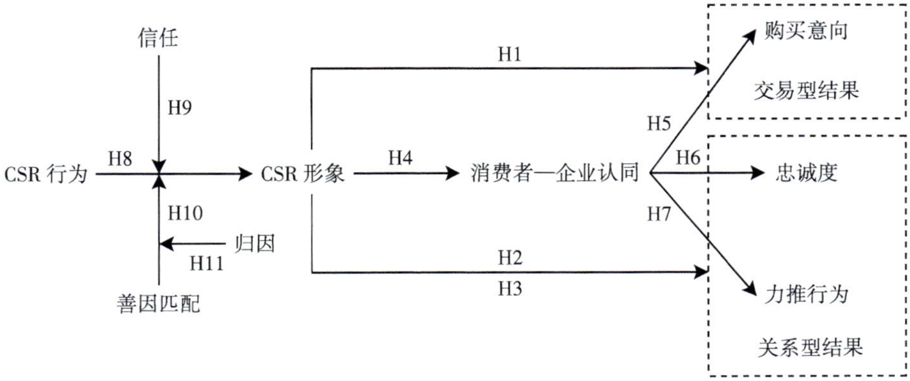

图 3–1　CSR 行为影响消费者响应模型

第 4 章　研究方法

4.1　样本与数据收集

本书主要采用实证研究的方法对构建模型以及提出的假设进行检验。为了获取相应的数据，笔者在阅读大量有关文献的基础上，针对模型中囊括的构念，总结归纳出相应的测量量表。根据相关量表，设计出调查问卷，在北京、上海、深圳和南昌等多个城市向调查对象发放。被调查对象既有在众多企业工作的白领，也包括在校的学生以及中国人民大学在职学位班的学员。[①] 由于本书的目的在于以中国银行业为例考察企业社会责任行为对消费者响应的影响机制，被调查对象只要是购买银行产品或使用银行服务的消费者就行。

本书之所以聚焦于中国银行业，主要是以下两点原因：第一，银行业与消费者联系紧密，消费者对银行业内的各家企业了解较多。商业银行在企业社会责任

① 调查是由第一作者 2010~2011 年在中国人民大学攻读博士期间完成，具体时间为 2010 年 10 月至 2011 年 1 月，本书主要部分是第一作者博士学位论文的研究成果，在本书出版时笔者做了一定的修订，并更新了部分内容。

领域较为活跃。各大银行不仅发布企业社会责任报告，而且还重视在环保信贷、公益慈善等方面努力实践社会责任。第二，银行业产品和服务具有较强的同质性。这样一来，在考察消费者对企业社会责任行为的响应时有利于将产品差异、价格差异等其他因素的影响降低，便于在研究中析出较为明确的因果关系。

此次调查共发放 360 份调查问卷，剔除有误及严重漏答问卷，共获得 249 份有效问卷，有效回收率为 69.2%。在 249 份有效问卷中，女性占 52.2%，男性占 47.8%，男女比例比较合适，可以认为不存在性别方面的抽样偏差。有效样本被调查对象的年龄分别处于 30 岁以下、31~40 岁、41~50 岁、50 岁以上各阶段，其中 30 岁以下的占 73.3%，31~40 岁的占 21.5%，这两个年龄段的被调查对象成为本书研究的样本主体部分。在受教育程度方面，大约 2%的被调查对象为高中及以下，5.2%为大专，58.5%为大学本科，27.4%为硕士，6.9%为博士。被调查对象的收入情况主要是：月收入 2000 元以下的占 15.9%，2001~6000 元的占 47%，6001~10000 元的占 21.6%，10000 元以上的占 15.5%。

4.2 测量

4.2.1 主要变量

研究涉及的主要变量包括：企业社会责任行为、企业社会责任形象、企业社会责任归因、信任、善因匹配、消费者—企业认同、购买意向、忠诚度和力推行为。在测量这些主要变量时，本书在借鉴已有相关量表的基础上针对银行业进行讨论研究做出一定的调整。采用李克特 5 点量表的方式，要求被调查对象对问卷题项的表达给出相应同意程度。其中 1=非常不同意，2=不同意，3=很难说，4=同意，5=非常同意。本书测量企业社会责任行为的量表源自 Sen 等（2006）的研究，并根据中国银行业内的各家银行企业社会实践加以调整，包含 5 个题项来测量企业社会责任行为这一构念。测量企业社会责任形象的量表源自 Du 等（2007）的研究，包含 2 个题项。测量企业社会责任归因的量表主要源自 Pavlos 等（2009）的研究，包含 6 个题项，其中三个题项测量的是利己归因，另外三个题项测量的是利他归因，将数据收集上来后，将利他归因的各个题项得分进行反向处理，最后将 6 个题项得分进行平均得到企业社会责任归因（分析中的利己归因）的测量值。测量信任量表来自 Hean Tat Keh 等（2009）的研究，该量表包含 4 个题项，本书根据选定考察行业——银行业的具体情况加以修订。善因匹配使用了一个题项进行测量，通过询问被调查对象对其经常使用的银行经常从事企业社会活动选择的善因与自身业务匹配的同意程度来考量该变量。消费者—企业认同的测量主要采用 Hean Tat Keh 等（2009）的研究，该项量表包含 4 个题项。购买意向构念的测量量表主要源自 Hean Tat Keh 等（2009）的研究，包含“在选择金融服务时，该银行是我的首选”和“未来，我会更多地购买该银行的产品或使用该银行的服务”两个题项。忠诚度的测量来自 Du 等（2007）的研究，包含“我对这家银行很忠诚”和“当有需求且能力许可时，我会毫不犹豫地选择该银行的产品”两个题项。力推行为的测量量表也是来自 Du 等（2007）的研究，包含“我很愿意尝试该银行推出的新产品、新服务”和“我经常向家人或朋友说该银行的好话”两个题项（所有构念的具体测量题项参见附录）。

4.2.2　控制变量

控制变量主要是品牌优势、企业声誉、创新能力和服务质量。消费者对企业的响应受到众多因素的影响，其中最为重要的几项是企业的品牌优势、创新能力和企业声誉。诸多关注品牌与消费者关系的研究显示，品牌对消费者响应具有相当的影响。[①] 本书通过在调查问卷中询问被调查对象对经常使用银行具有品牌优势的同意程度进行评价来获得对品牌优势的测量。企业声誉的概念源自管理学、经济学、社会学以及营销学领域的相关文献。从这些文献来看，基本从以下两种

① 余可发. 消费者—品牌关系维系：基于心理契约的研究. 当代财经，2009（4）.

视角来看待企业声誉：其一是从经济的视角将企业声誉视为内外利益相关者的期望及对特定组织的属性；① 其二则是从制度理论的视角将其定义为利益相关者集合对它的总体印象。② 本书沿袭制度理论的观点，将企业声誉界定为利益相关者集合对该企业的总体印象。对它的测量，本书采用 Hean Tat Keh 等（2009）在研究中建立的量表再根据银行的具体属性加以修正，通过"我认为该银行在业界享有不错的声誉"、"这是一家成功的银行"、"这家银行信誉卓著"这三个题项来测量企业声誉。Brow 和 Dacin 在他们（1997）的研究中，将企业联想划分为企业能力联想和企业社会责任联想。其中，企业能力联想就是指企业与生产产品、输送产品有关的专业技能。银行业作为典型的服务业机构，它的企业能力联想主要体现在创新能力和服务质量方面。消费者在决定是否购买该银行产品或使用该银行服务时，银行的创新能力和服务质量往往成为消费者重要的选择依据。为了有效控制银行企业能力方面联想给消费者带来的影响，本书将银行的创新能力和服务质量纳入控制变量的范畴。创新能力的测量通过在问卷中询问被调查对象"该银行产品创新和业务创新的能力强"这一判断的认可程度来加以测量。而对服务质量这一构念的测量则是采用 Pavlos 等（2009）使用的量表，经过修正和测试，最终形成包含"该银行营业网店服务方便快捷"、"该银行员工具备胜任工作的知识和技能"以及"该银行员工在工作中专业而且乐于奉献"这三个题项的测量量表。

4.2.3 共同方法偏差

共同方法偏差（Common Method Biases）是指由于数据来源、测量环境、项目语境的同一性及题项自身特征造成解释变量与被解释变量的方差变异。这种人为的方差变异对研究结果容易造成严重的干扰和混淆，并误导研究结论。因此，

---

① Weigelt K. and Camerer C. Reputation and Corporate Strategy: A Review of Recent Theory and Application. Strategic Management Journal, 1988, 9 (5).

② Deephouse D. L. Media Reputation as A Strategic Resource: An Integration of Mass Communication and Resource-based Theories. Journal of Management, 2000, 26 (6).

在进行数据分析之前，很有必要先进行共同方法偏差的统计控制检验。本书采用 Harman 单因素检验的方法来检验数据的共同方法偏差控制。该方法的基本假设认为倘若数据不存在单独一个因子或者某一公共因子解释了绝大部分方差变异，那么就可以认为不存在共同方法偏差。本书将待考察的所有变量放到一个探索性因子分析中，结果分析出多个公因子，而且解释方差变异最多的公因子贡献率也仅约为 11%。不能说某一公共因子解释了绝大部分的方差变异。因此，可以判定本书不存在严重的共同方法偏差。

4.3　信度和效度

为了评估本书的科学性，确保研究结论的可靠性，需要对数据进行信度和效度的检验。信度表示对于同一对象，运用同一观测方法得出同一测量数据结果的可能性。比如在本书中需要测量企业声誉，对于同一家银行而言，第一次测量结果显示 60%的被调查对象认为该银行的企业声誉得分均值为 4，而在第二次测量中，结果却显示，认为该银行企业声誉得分均值为 4 的比例只有 20%，那么就可以认为使用该方法的观测结果信度太低。效度指标则是考察研究质量的另一类指标。信度是效度的必要不充分条件，也就是说倘若研究的信度都要遭质疑，那么效度更无从谈起。

本书中涉及的企业社会责任归因这一构念较为复杂，对它的准确测量工作也较难。为了检验测量该构念的 6 个题项的信度和效度，本书分别使用 SPSS22.0 分析方法中的测量——信度来分析它们的信度，并使用探索性因子分析的方法来考察这 6 个题项的效度。企业社会责任归因的 6 个题项可以划分为利他归因和利己归因两类，测量利他归因的 3 个题项 Cronbach's α 系数为 0.76，同时测量利己归因的 3 个题项 Cronbach's α 系数为 0.73。这两个数据表明，测量企业社会责任归因的量表具有可靠的信度。为了考察这些题项的效度，本书采用探索性因子分析的方法加以检验。

为考察该量表是否适合做因子分析，本书首先对这 6 个题项进行 KMO 测度（Kaiser-Meyer-Olkin Measure of Sampling Adequacy）和 Bartlett 检验。结果如表 4-1 所示，这 6 个题项 KMO 测度值为 0.655，根据 Hair 等（1995）的研究可以认为，该观测变量适合做因子分析。同时，巴特利特球体检验的结果显著性高，说明应该拒绝原假设，可以进行因子分析。采用主成分分析方法进行数学变换，运用基于特征值大于 1 的抽取方式进行公因子的抽取，同时通过选择正交旋转法中的方差最大法来简化因子荷载，并使得每个因子上的荷载尽可能地拉开距离。这样，在解释因子时，因子荷载小的可以忽略不计。

表 4-1　企业社会责任归因的 KMO 和 Bartlett 检验

取样足够度的 Kaiser-Meyer-Olkin 度量	0.655
Bartlett 的球形度检验近似卡方	357.826
自由度（df）	15
显著性（Sig.）	0.000

结果如表 4-2 显示，特征值大于 1 的公因子只有两个，其中第一个公因子的特征值为 2.097，第二个公因子的特征值为 1.913。旋转后这两个公因子的累计方差解释贡献率达到 66.83%。

表 4-2　探索性因子分析解释的总方差

成分	初始特征值			提取平方和荷载			旋转后平方和荷载		
	合计	方差（%）	累计（%）	合计	方差（%）	累计（%）	合计	方差（%）	累计（%）
1	2.097	34.946	34.946	2.097	34.946	34.946	2.034	33.899	33.899
2	1.913	31.887	66.833	1.913	31.887	66.833	1.976	32.934	66.833
3	0.661	11.014	77.847						
4	0.555	9.245	87.092						
5	0.410	6.828	93.919						
6	0.365	6.081	100.000						

旋转后的因子荷载矩阵如表 4-3 所示，企业社会责任归因的题项 1、2 和 4 均属于公因子 1，而题项 3、5 和 6 均属于公因子 2。其中，题项 4 在公因子 1 上

的因子荷载为 0.847，题项 2 在公因子 1 上的因子荷载为 0.818，题项 1 在公因子 1 上的因子荷载为 0.792；题项 3 在公因子 2 上的因子荷载为 0.864，题项 5 在公因子 2 上的因子荷载为 0.826，题项 6 在公因子 2 上的因子荷载为 0.734。从该结果来看，探索性因子分析的结果与本书从理论上需要测量的企业社会责任归因相吻合，即从利他归因和利己归因两个方面来进行测量。公因子 1 可以总结为利他归因，而公因子 2 则是利己归因。在进行探索性因子分析前，笔者将利他归因三个题项各被调查对象的测量值均进行反向处理，比如倘若被调查对象对“该银行因关注社会而从事社会责任活动”题项给出 2 分，即不同意的观点，那么就可以认为该题项的实际得分为 4，即站在利己角度来看待该题项。

表 4-3　旋转后的因子荷载矩阵

变量题项	公因子	
	1	2
CSR attribution4	0.847	
CSR attribution2	0.818	
CSR attribution1	0.792	
CSR attribution3		0.864
CSR attribution5		0.826
CSR attribution6		0.734

接着，本书对其他 9 个通过多题项进行测量的构念进行了信度检验和验证性因子分析。表 4-4 给出了这些构念的信度和验证性因子分析的分析结果。购买意向的 Cronbach's α 系数为 0.79，忠诚度的 Cronbach's α 系数为 0.68，力推行为的 Cronbach's α 系数为 0.69，认同的 Cronbach's α 系数为 0.91，信任的 Cronbach's α 系数为 0.85，企业社会责任行为的 Cronbach's α 系数为 0.89，企业社会责任形象的 Cronbach's α 系数为 0.80，服务质量的 Cronbach's α 系数为 0.79，企业声誉的 Cronbach's α 系数为 0.89。这些构念的 Cronbach's α 系数均大于或接近于 0.70，说明本研究对这些构念的测量具有较好的信度。

同时，结果还显示，该测量模型的卡方值为 585.62，自由度为 263。卡方值与自由度的比值满足大于 2 小于 5 的条件，而 RMSEA=0.068，RMR=0.060，均小于 0.080，说明从绝对拟合指标来看，该模型拟合较好。NNFI=0.97，CFI=0.98，GFI=0.85，这几个指标均大于 0.90，说明从相对拟合指标来看，该模型拟合也好。而且各显变量在潜变量上都是显著的，T 值的绝对值均大于 1.96，因子荷载都在 0.50~0.90。Hair 等（2006）主张因子荷载足够大则代表该题项具有良好的聚敛效度。当题项的因子荷载大于 0.71 时，即认为该题项具有理想的质量，因为潜变量近 50%的方差变异可以从该题项上得到解释。[①] 验证性因子分析的结果表明绝大多数题项的因子荷载都在 0.71 以上，说明潜变量能够解释显变量的变异程度较高，从因子荷载角度说明题项具有较好的聚敛效度，能够较好地反映潜变量。

表 4-4　主要变量的验证性因子分析结果

变量及题项	编码	T 值	残差	标准化因子荷载
购买意向				α=0.79，AVE=0.66
在选择金融服务时，该银行是我的首选	INT1	14.15	0.35	0.81
未来，我会更多地购买该银行的产品或使用该银行的服务	INT2	14.31	0.33	0.82
忠诚度				α=0.68，AVE=0.51
我对这家银行很忠诚	LOY1	11.73	0.50	0.71
当有需求且能力许可时，我会毫不犹豫地选择该银行的产品	LOY2	11.86	0.48	0.72
力推行为				α=0.69，AVE=0.55
我很愿意尝试该银行推出的新产品、新服务	ADB1	10.35	0.58	0.65
我经常向家人或朋友说该银行的好话	ADB2	13.35	0.32	0.82
认同				α=0.91，AVE=0.73
如果媒体批评该银行，我也会觉得难堪	IDE1	15.41	0.33	0.82
当别人赞扬该银行时，我会觉得就像在赞美我一样	IDE2	17.99	0.19	0.90
该银行的成功就是我的成功	IDE3	17.90	0.19	0.90
当我谈论该银行的时候总是使用“我们”而不是“他们”	IDE4	14.94	0.36	0.80
信任				α=0.85，AVE=0.61
该银行足以胜任它所从事的商业活动	TRU1	11.03	0.58	0.65

① Hair J. F. Jr.，Black W. C.，Babin B.J.，Anderson R. E.，and Tatham R. L. Multivariate Data Analysis (6 th ed.) Upper Saddle River，NJ：Prentic-Hall，2006.

续表

变量及题项	编码	T 值	残差	标准化因子荷载
该银行是值得信赖的	TRU2	15.96	0.29	0.84
该银行是对顾客负责任的	TRU3	16.57	0.25	0.86
当我遇到问题时，该银行会以理解的态度来给予回应	TRU4	13.41	0.44	0.75
企业社会责任行为				α=0.89，AVE=0.61
该银行支持有困难的群众和儿童	ACT1	10.94	0.58	0.65
该银行积极响应低碳经济的政策	ACT2	13.78	0.41	0.77
该银行热心公益和慈善事业	ACT3	16.17	0.27	0.86
该银行力求建设绿色银行	ACT4	15.09	0.33	0.82
企业社会责任形象				α=0.80，AVE=0.66
该银行的社会责任活动使其与众不同	CBF1	13.77	0.36	0.80
该银行努力把社会责任付诸实践	CBF2	14.52	0.30	0.83
服务质量				α=0.79，AVE=0.58
该银行营业网点的服务方便快捷	SEQ1	10.95	0.57	0.65
该银行员工具备胜任工作的知识和技能	SEQ2	14.11	0.37	0.79
该银行员工在工作中专业而且乐于奉献	SEQ3	15.44	0.29	0.84
企业声誉				α=0.89，AVE=0.74
我认为该银行在业界享有不错的声誉	REP1	15.14	0.34	0.81
这是一家成功的银行	REP2	16.79	0.24	0.87
这家银行信誉卓著	REP3	17.43	0.21	0.89
模型拟合：χ^2=585.62，df=263，NNFI=0.97，CFI=0.98，GFI=0.85，RMSEA=0.068，RMR=0.060				

另外，一个经常用于反映某一潜变量能否被一组显变量有效估计的聚敛程度指标就是平均变异萃取量（Average Variance Extracted，AVE）。AVE 公式如下所示：

$$AVE = \frac{\sum \lambda_i^2}{\sum \lambda_i^2 + \sum \Theta_{ii}}$$

根据 Anderson 等（1988）的观点，AVE 大于 0.50 说明潜变量的聚敛能力较理想。[①] 从表 4-4 得到的各潜变量 AVE 结果来看，均大于 0.50，说明各潜变量的聚敛效度较好。

① Anderson J. C. and Gerbing D. W. Structural Equation Modeling in Practice：A Review and Recommended Two-Step Approach. Psychological Bulletin，1988（103）.

区分效度是检验研究可靠性的另一个重要指标，旨在确保不同的构念之间具有足以有效分离的特性。一般通过三种方法来检验潜变量的区分效度。第一种方法是对需要进行区分的潜变量之间的相关系数区间加以估计，倘若相关系数在95%置信区间上涵盖了 1.00 就说明这两个构念缺乏区分效度。第二种方法是通过两个验证性因子分析模型进行竞争模型比较，其中一个模型对需要比较的潜变量之间的关系进行自由估计，另一个模型则将该关系的值限定为 0.70。对这两个嵌套模型进行比较，由于后一个模型比前者少了个待估参数，那么就会多一个自由度，同时，模型的卡方值也会上升。倘若前一个模型并没有显著地优于后一个模型，那么就认为这两个构念缺乏区分效度。第三种方法则是根据 Fornell 等（1981）通过比较两个潜变量的 AVE 平均值与相关系数平方来检验区分效度。[①]若 AVE 平均值大于相关系数平方，那么就认为这两个构念具有较好的区分效度。

表 4-5 潜变量的区分效度检验

待区分的构念	AVE 均值	相关系数平方	是否均有区分效度
购买意向忠诚度	0.58	0.40	是
购买意向力推行为	0.61	0.32	是
忠诚度力推行为	0.53	0.29	是
认同信任	0.67	0.14	是
服务质量企业声誉	0.66	0.31	是

检验区分效度的前提是待检验的两个构念具有一定的相似性，这样才有意义。例如员工满意度与组织公民行为这两个构念或许存在较强的相关性，对它们进行区分效度检验就显得很有必要，但是倘若两个直观差异都比较大的构念进行比较就显得有些多余。本书采用第三种方法来检验各个潜变量之间的区分效度。结果如表 4-5 所示，购买意向与忠诚度相关系数的平方大约为 0.40，而 AVE 均值大约为 0.58 且大于相关系数平方，说明具有较好的区分效度。购买意向与力推行为相关系数平方大约为 0.32，而 AVE 均值大约为 0.61 且大于相关系数平

① Fornell C. and Larcker D. F. Evaluating Structural Equation Models with Unobserved Variables and Measurement Error. Journal of Marketing Research，1981，18（3）.

方。忠诚度与力推行为的相关系数平方大约为 0.29，而 AVE 均值大约为 0.53 且大于相关系数平方，说明这两个构念之间具有较好的区分效度。消费者—企业认同与信任的相关系数平方大约为 0.14，而 AVE 均值为 0.67 且大于相关系数平方，说明这两个构念具有区分效度。服务质量与企业声誉的相关系数平方大约为 0.31，而 AVE 均值为 0.66 且大于相关系数平方，说明服务质量与企业声誉具有较好的区分效度。

4.4　本章小结

本章在前一章构建起研究模型的基础上阐述了本书中实证研究收集数据的样本来源、样本特征，探索如何对有关研究变量进行量化测量，并运用效度检验和验证性因子分析的统计方法考察数据测量的信度和效度以确保实证分析研究结论的可靠性。检验结果认为，本书的研究具有比较好的信度和效度。

第 5 章　分析与结果

5.1　相关分析

为了研究所涉及的各变量之间的关系，在进行假设检验之前先对主要变量进行相关分析。表 5-1 给出了主要变量之间的相关系数、均值和标准差。从表中结果可以看出，各主要变量间的相关系数均小于 0.70。

表 5-1　主要变量之间的相关系数、均值和标准差

变量	1	2	3	4	5	6	7	8	9	10
购买意向	1.000									
忠诚度	0.636	1.000								
力推行为	0.564	0.543	1.000							
认同	0.355	0.446	0.395	1.000						
信任	0.476	0.584	0.468	0.380	1.000					
CSR 形象	0.388	0.428	0.457	0.425	0.391	1.000				
品牌优势	0.343	0.212	0.328	0.232	0.197	0.308	1.000			
创新能力	0.514	0.441	0.561	0.224	0.424	0.389	0.491	1.000		
服务质量	0.511	0.493	0.520	0.285	0.656	0.443	0.232	0.490	1.000	

续表

变量	1	2	3	4	5	6	7	8	9	10
企业声誉	0.520	0.556	0.444	0.237	0.678	0.407	0.352	0.478	0.556	1.000
均值	3.319	3.199	3.078	2.357	3.632	3.169	3.349	3.153	3.539	3.606
标准差	0.822	0.767	0.827	0.893	0.634	0.690	0.849	0.916	0.747	0.738

注：所有相关系数均在单尾 $P<0.001$ 的水平上显著，N=249。

5.2 主效应和中介效应

本书应用多元线性回归分析的统计方法来处理数据。多元回归是研究一个因变量对另外多个自变量依赖关系的定量分析手段。因变量与自变量之间的这种依赖关系可以是线性关系，也可以是非线性关系。多元线性回归模型的基本形式如下：

$$y = b_0 + b_1X_1 + b_2X_2 + b_3X_3 + \cdots + b_nX_n + \varepsilon$$

式中，y 为因变量；b_0 为常数项；b_1，b_2，b_3，…，b_n 是因变量 y 对于各自变量的回归系数。多元线性回归的基本条件主要有以下四个：即正态性假设、方差齐假设、独立性假设和无自相关性假设。在运行多元线性回归方程的过程中，需要进行共线性诊断，通过容忍度和方差膨胀因子（VIF）来反映。尽管计量经济学中对 VIF 的要求是小于 10，但多数管理学研究者的经验值是小于 3。

中介变量是实证研究中的重要统计概念，众多管理学研究都涉及这一概念。对于中介变量的检测程序，学者给出了各自的建议。温忠麟等（2004）在研究中提出了中介变量及相关概念，比较检验中介变量的方法，并给出了一个实用的中介效应检验程序。[①] 本书采用的检验方法如下：

① 温忠麟，张雷，侯杰泰，刘红云. 中介效应检验程序及其应用. 心理学报，2004，36（5）.

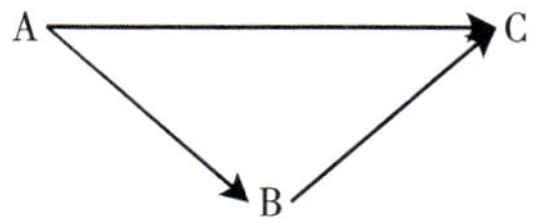

(1) 以 C 为因变量，变量 A 为自变量做回归，结果 A 显著。

(2) 以 B 为因变量，变量 A 为自变量做回归，结果 A 显著。

(3) 以 C 为因变量，变量 A 和 B 为自变量做回归，结果 B 显著，A 不显著或者回归系数降低。

至此，可以说明 B 对 A 与 C 的关系具有完全中介（第三步中 A 不显著）或者部分中介（A 的回归系数降低）作用。

为了检验假设 H1 到假设 H7，本书分别运行了以消费者—企业认同、购买意向、忠诚度和力推行为为因变量的多个回归方程。所运行的回归方程如下所示（不涵盖控制变量的回归方程），在以下方程中，C 代表消费者—企业认同，INT 代表购买意向，LOY 代表忠诚度，AB 代表力推行为，CBF 代表企业社会责任形象。

$$INT = b_{10} + b_{11}CBF + \varepsilon_1 \quad (5\text{-}1)$$

$$LOY = b_{20} + b_{21}CBF + \varepsilon_2 \quad (5\text{-}2)$$

$$AB = b_{30} + b_{31}CBF + \varepsilon_3 \quad (5\text{-}3)$$

$$C = b_{40} + b_{41}CBF + \varepsilon_4 \quad (5\text{-}4)$$

$$INT = b_{50} + b_{51}CBF + b_{52}C + \varepsilon_5 \quad (5\text{-}5)$$

$$LOY = b_{60} + b_{61}CBF + b_{62}C + \varepsilon_6 \quad (5\text{-}6)$$

$$AB = b_{70} + b_{71}CBF + b_{72}C + \varepsilon_7 \quad (5\text{-}7)$$

以消费者—企业认同为因变量，品牌优势、创新能力、服务质量和企业声誉这四个控制变量为自变量运行了模型 1；以消费者—企业认同为因变量，品牌优势、创新能力、服务质量和企业声誉四个控制变量及企业社会责任形象为自变量运行模型 2。结果如表 5-2 所示。

表 5-2　以消费者—企业认同为因变量的层级回归分析结果

变量	认同	
	模型 1	模型 2
控制变量		
品牌优势	0.154*	0.107
创新能力	0.019	−0.022
服务质量	0.208**	0.115
企业声誉	0.058	0.004
主效应变量		
CSR 形象		0.348***
R^2	0.113	0.201
F	7.767***	12.245***
ΔR^2	0.113	0.088
ΔF	7.767***	26.861***

注：回归系数均为标准化系数，R^2 未经调整。+表示 p<0.1，* 表示 p<0.05，** 表示 p<0.01，*** 表示 p<0.001；均为单尾检验。

从表 5-2 中模型 1 与模型 2 的回归结果比较来看，在控制变量基础上引入企业社会责任形象以后，模型的解释力有显著增加，企业社会责任形象能够解释消费者—企业认同 8.8%的方差变异（$\Delta R^2 = 0.088$，$p < 0.001$）。企业社会责任形象对消费者—企业认同具有正向影响（$\beta = 0.348$，$p < 0.001$）。假设 H4 得到支持。

接着，为了检验消费者—企业认同对企业社会责任形象与消费者购买意向之间关系的中介作用，笔者运用层级回归分别运行了模型 3、模型 4 和模型 5，层级回归结果如表 5-3 所示。模型 3 的分析结果表明，品牌优势、创新能力、服务质量和企业声誉这四个控制变量对消费者购买意向方差变异的解释度达到 40%（$\Delta R^2 = 0.400$，$p < 0.001$）。品牌优势对消费者购买意向具有正向影响（$\beta = 0.084$，$p < 0.1$），创新能力对购买意向具有显著的正向影响（$\beta = 0.238$，$p < 0.001$），服务质量对购买意向具有显著的正向影响（$\beta = 0.239$，$p < 0.001$），企业声誉对购买意向也具有显著的正向影响（$\beta = 0.244$，$p < 0.001$）。模型 4 中引入企业社会责任形象后，模型解释力度增加到 40.6%（$\Delta R^2 = 0.006$，$p < 0.1$），企业社会责任形象对购买意向具有正向影响（$\beta = 0.088$，$p < 0.1$）。继续将消费者—企业认同引入模型 5，模型的解释力度增加了 2.3%（$\Delta R^2 = 0.023$，$p < 0.01$），消费者—企业认同对购买意向具有显著的正向影响（$\beta = 0.168$，$p < 0.01$）。同时，企业社会责任形

象对购买意向的影响变得不显著。该中介模型总结如图 5-1 所示，假设 H1 和假设 H5 均得到支持。这说明，消费者—企业认同在企业社会责任形象与购买意向之间起着完全中介的作用。

表 5-3　以购买意向为因变量的层级回归分析结果

变量	购买意向		
	模型 3	模型 4	模型 5
控制变量			
品牌优势	0.084⁺	0.072	0.054
创新能力	0.238***	0.228***	0.232***
服务质量	0.239***	0.215***	0.196**
企业声誉	0.244***	0.230***	0.230***
主效应变量			
CSR 形象		0.088⁺	0.029
中介变量			
认同			0.168**
R^2	0.400	0.406	0.428
F	40.717***	33.205***	30.233***
ΔR^2	0.400	0.006	0.023
ΔF	40.717***	2.296⁺	9.537**

注：回归系数均为标准化系数，R^2 未经调整。⁺表示 $p<0.1$，* 表示 $p<0.05$，** 表示 $p<0.01$，*** 表示 $p<0.001$；均为单尾检验。

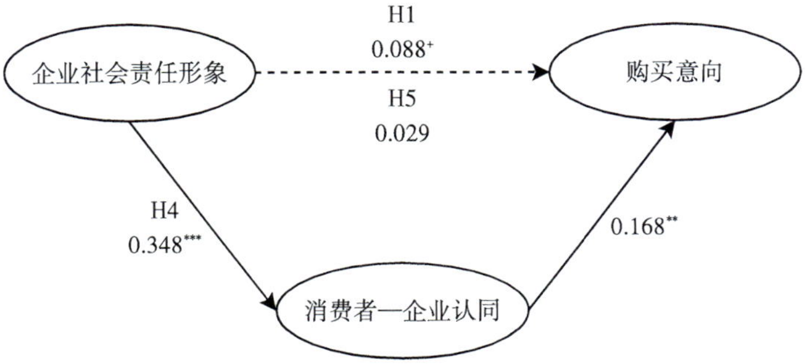

图 5-1　认同对 CSR 形象与购买意向关系的中介模型总结

模型 6、模型 7 和模型 8 是以忠诚度为因变量的层级回归分析，结果如表 5-4 所示。模型 6 表明，创新能力、服务质量和企业声誉对消费者忠诚度均具有显著的正向影响，而品牌优势对忠诚度的影响不显著（这四个控制变量的回归系数依次为，$\beta = 0.193$，$p < 0.01$；$\beta = 0.207$，$p < 0.001$；$\beta = 0.370$，$p < 0.001$；

$\beta=-0.061$，$p>0.1$）。在将企业社会责任形象引入回归模型当中后，模型 7 对消费者忠诚度的解释力度上升了 2.3%（$\Delta R^2=0.023$，$p<0.01$），企业社会责任形象对忠诚度具有显著的正向影响（$\beta=0.178$，$p<0.01$）。模型 8 是将企业社会责任形象和消费者—企业认同同时引入回归模型，与模型 7 相比较，模型 8 的解释力度增加了 6.3%（$\Delta R^2=0.063$，$p<0.001$），消费者—企业认同对忠诚度具有显著的正向影响（$\beta=0.282$，$p<0.001$）。与此同时，企业社会责任形象对忠诚度的正向影响明显下降（$\beta=0.080$，$p<0.1$）。

表 5–4　以忠诚度为因变量的层级回归分析结果

变量	忠诚度		
	模型 6	模型 7	模型 8
控制变量			
品牌优势	–0.061	-0.085^{+}	-0.115^{*}
创新能力	0.193^{**}	0.172^{**}	0.179^{**}
服务质量	0.207^{***}	0.159^{**}	0.127^{*}
企业声誉	0.370^{***}	0.342^{***}	0.341^{***}
主效应变量			
CSR 形象		0.178^{**}	0.080^{+}
中介变量			
认同			0.282^{***}
R^2	0.380	0.403	0.466
F	37.324^{***}	32.759^{***}	35.209^{***}
ΔR^2	0.380	0.023	0.063
ΔF	37.324^{***}	9.374^{**}	28.752^{***}

注：回归系数均为标准化系数，R^2 未经调整。$^{+}$表示 $p<0.1$，* 表示 $p<0.05$，** 表示 $p<0.01$，*** 表示 $p<0.001$；均为单尾检验。

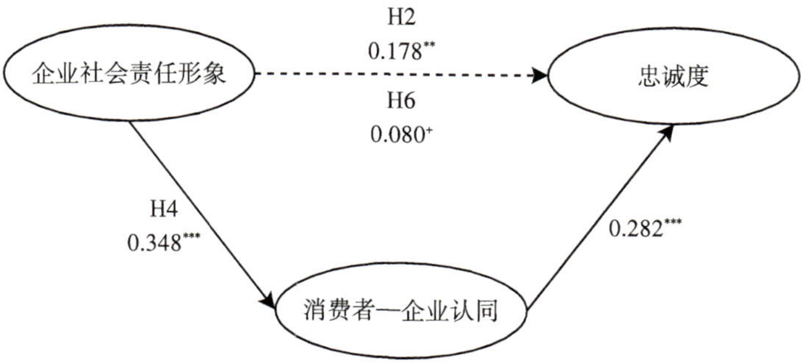

图 5–2　认同对 CSR 形象与忠诚度关系的中介模型总结

图 5–2 对该中介模型进行了总结。由上述内容可知，假设 H2 和假设 H6 得到支持。企业社会责任形象对消费者忠诚度具有显著的正向影响，同时消费者—企业认同在企业社会责任与消费者忠诚度之间具有部分中介的作用。

为了检验假设 H3 和假设 H7，笔者运行了模型 9、模型 10 和模型 11。结果如表 5–5 所示。模型 9 的分析结果显示，品牌优势、创新能力、服务质量和企业声誉这四个控制变量对力推行为方差变异的解释度达到 40.4%（$\Delta R^2 = 0.404$，$p < 0.001$）。品牌优势对力推行为的影响不显著（$\beta = 0.057$，$p > 0.1$），创新能力对力推行为具有显著的正向影响（$\beta = 0.348$，$p < 0.001$），服务质量对力推行为具有显著的正向影响（$\beta = 0.279$，$p < 0.001$），企业声誉对力推行为也具有显著的正向影响（$\beta = 0.103$，$p < 0.1$）。模型 10 引入企业社会责任形象后，模型解释力度增加到 43%（$\Delta R^2 = 0.026$，$p < 0.001$），企业社会责任形象对力推行为具有正向影响（$\beta = 0.189$，$p < 0.001$）。继续将消费者—企业认同引入模型 11，模型的解释力度增加了 2.9%（$\Delta R^2 = 0.029$，$p < 0.001$），消费者—企业认同对力推行为具有显著的正向影响（$\beta = 0.190$，$p < 0.001$），同时，企业社会责任形象对消费者力推行为的正向影响显著性水平下降（$\beta = 0.123$，$p < 0.05$）。至此，假设 H3 和假设 H7 得到支持，企业社会责任形象对消费者力推行为确实具有积极的影响，同时消费者—企业认同对这一影响具有部分中介作用。图 5–3 是认同对企业社会责任形象与消费者力推行为关系的中介模型总结。

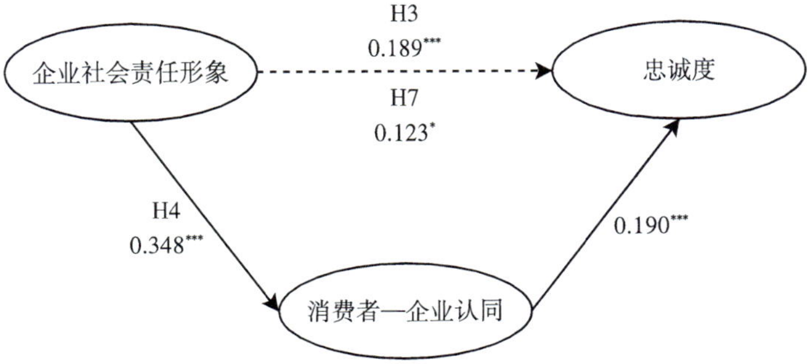

图 5–3 认同对 CSR 形象与力推行为关系的中介模型总结

表 5–5 以力推行为为因变量的层级回归分析结果

变量	力推行为		
	模型 9	模型 10	模型 11
控制变量			
品牌优势	0.057	0.032	0.011
创新能力	0.348***	0.325***	0.329***
服务质量	0.279***	0.228***	0.206***
企业声誉	0.103+	0.073	0.073
主效应变量			
CSR 形象		0.189***	0.123*
中介变量			
认同			0.190***
R^2	0.404	0.430	0.459
F	41.387***	36.723***	34.246***
ΔR^2	0.404	0.026	0.029
ΔF	41.387***	11.167***	12.884***

注：回归系数均为标准化系数，R^2 未经调整。+表示 $p<0.1$，* 表示 $p<0.05$，** 表示 $p<0.01$，*** 表示 $p<0.001$；均为单尾检验。

5.3 调节效应

调节变量是另一类比较重要的研究变量。在研究问题当中，仅仅指出变量 A 与变量 B 的关系往往显得有些不足，应当更加具体地给出这种关系的边界条件，即阐明调节变量 C 是如何对 A 与 B 的关系起作用的。如当 C 处于高水平时，A 与 B 的关系如何；当 C 处于低水平时，A 与 B 的关系又当如何。对调节效应的检验是通过构建交互项，然后将交互项代入包含主效应变量、调节变量和交互项为解释变量的多元回归方程，考察主效应以及交互项回归系数是否显著。若显著，则说明变量 C 对 A 与 B 的关系具有调节作用。

二维调节效应如下所示。

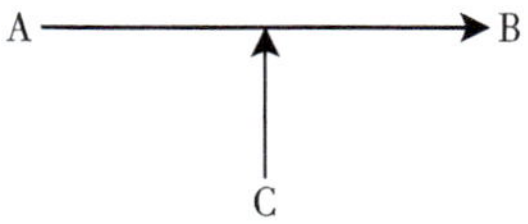

含有二维调节效应的多元回归方程式表达如下：

$B = b_0 + b_1A + b_2C + b_3A \times C + \varepsilon$

（1）以 B 为因变量，A 为自变量做回归，结果 A 显著。

（2）以 B 为因变量，A 与 C 为自变量做回归。

（3）以 B 为因变量，A、C 与 A × C 为自变量做回归，结果 A × C 显著。

三维调节效应如下所示：

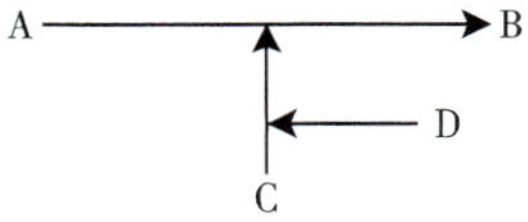

含有三维调节效应的多元回归方程式表达如下：

$B = b_0 + b_1A + b_2C + b_3D + b_4A \times C + b_5A \times D + b_6C \times D + b_7A \times C \times D + \varepsilon$

（1）以 B 为因变量，A 为自变量做回归，结果 A 显著。

（2）以 B 为因变量，A、C 与 D 为自变量做回归。

（3）以 B 为因变量，A、C、D、A × C、A × D 与 C × D 为自变量做回归。

（4）以 B 为因变量，A、C、D、A × C、A × D、C × D 与 A × C × D 为自变量做回归，结果 A × C × D 显著。

本节中调节效应的检验以企业社会责任形象为因变量，主效应变量是企业社会责任行为。表 5-6 给出了涉及主要变量的相关系数、均值和标准差。这些变量间的相关系数均小于 0.70。

表 5-6　以 CSR 形象为因变量的各变量相关系数、均值及标准差

变量	1	2	3	4	5	6	7	8	9
CSR 形象	1.000								
CSR 行为	0.645***	1.000							
利己归因	−0.220***	−0.198***	1.000						
信任	0.391***	0.488***	−0.137**	1.000					

续表

变量	1	2	3	4	5	6	7	8	9
善因匹配	0.468***	0.472***	−0.099*	0.393***	1.000				
品牌优势	0.308***	0.292***	−0.173**	0.197***	0.222***	1.000			
创新能力	0.389***	0.481***	−0.154**	0.424***	0.366***	0.491***	1.000		
服务质量	0.443***	0.525***	−0.091*	0.656***	0.360***	0.232***	0.490***	1.000	
企业声誉	0.407***	0.449***	−0.177**	0.678***	0.337***	0.352***	0.478***	0.556***	1.000
均值	3.169	3.237	3.298	3.632	3.372	3.349	3.153	3.539	3.606
标准差	0.690	0.678	0.414	0.634	0.887	0.849	0.916	0.747	0.738

注：* 表示 $p<0.05$，** 表示 $p<0.01$，*** 表示 $p<0.001$；均为单尾检验。

假设 H8 认为企业社会责任行为积极影响着消费者对企业产生的企业社会责任形象。假设 H9 提出消费者对企业的信任会调节企业社会责任行为对企业社会责任形象的关系，当信任高时，企业社会责任行为越积极主动，消费者对该企业产生的企业社会责任形象越有利；反之，当信任低时，企业社会责任行为越积极主动，消费者对该企业产生的企业社会责任形象的积极性越有所下降。回归分析检验的结果如表 5-7 所示。笔者首先运行了只包括控制变量在内，以企业社会责任形象为因变量的回归模型。结果显示，在只引入控制变量的回归模型 12 中，因变量企业社会责任形象 26.9%的方差变异为控制变量所解释（$R^2 = 0.269$，$p < 0.001$）。模型 13 引入企业社会责任行为，结果模型解释力增加了 17.9%（$\Delta R^2 = 0.179$，$p < 0.001$），企业社会责任行为对企业社会责任形象具有正向影响（$\beta = 0.529$，$p < 0.001$）。继续将调节变量信任引入到回归模型，形成模型 14。模型 14 对因变量方差变异的解释度并未得到显著变化。将主效应变量企业社会责任行为和调节变量信任分别进行标准化后相乘，从而构建企业社会责任行为与信任的交互项，进而将该交互项代入回归模型，成为模型 15。结果表明，模型 15 的解释度得到显著增加（$\Delta R^2 = 0.030$，$p < 0.001$），交互项对因变量企业社会责任形象具有正向影响（$\beta = 0.189$，$p < 0.001$）。这就说明，信任对企业社会责任行为与企业社会责任形象的关系起着正向的调节作用。

表 5-7　信任的调节效应回归分析结果

变量	企业社会责任形象			
	模型 12	模型 13	模型 14	模型 15
控制变量				
品牌优势	0.134*	0.104*	0.103*	0.097*
创新能力	0.118*	-0.002	-0.002	-0.015
服务质量	0.268***	0.098+	0.102+	0.095+
企业声誉	0.155*	0.080+	0.086	0.096+
主效应				
CSR 行为		0.529***	0.530***	0.543***
调节变量				
信任			-0.012	0.058
交互效应				
CSR 行为×信任				0.189***
R^2	0.269	0.448	0.448	0.479
F	22.446***	39.501***	32.790***	31.612***
ΔR^2	0.269	0.179	0.000	0.030
ΔF	22.446***	79.014***	0.025	13.989***

注：回归系数均为标准化系数，R^2 未经调整。+表示 $p<0.1$，* 表示 $p<0.05$，** 表示 $p<0.01$，*** 表示 $p<0.001$；均为单尾检验。

通过构造信任与企业社会责任行为的交互项，建立多元线性回归模型，数据运行结果表明，当消费者对企业的信任程度高时，企业社会责任行为越积极主动，在消费者心中形成对该企业的企业社会责任形象越有利。反之，当消费者对企业的信任程度低时，企业社会责任行为越积极主动，在消费者心中形成对该企业有利企业社会责任形象的作用越有所下降。从中我们可以看出，尽管企业的企业社会责任行为能够积极地促使消费者形成对该企业的良好企业社会责任形象，但是这种转化受到消费者对企业信任的影响。在消费者对该企业信任程度较低时，企业社会责任行为与企业社会责任形象之间的联系将被弱化。为了更加清晰地考察信任对企业社会责任行为与企业社会责任形象关系的调节作用，笔者给出了调节效应图，如图 5-4 所示。至此，假设 H8 和假设 H9 均得到支持。

假设 H10 认为企业履行社会责任所选取的善因与自身业务的匹配程度影响着企业社会责任行为与企业社会责任形象的关系。当善因匹配程度越高时，企业社会责任行为影响企业社会责任形象的作用越强；当善因匹配程度越低时，企业

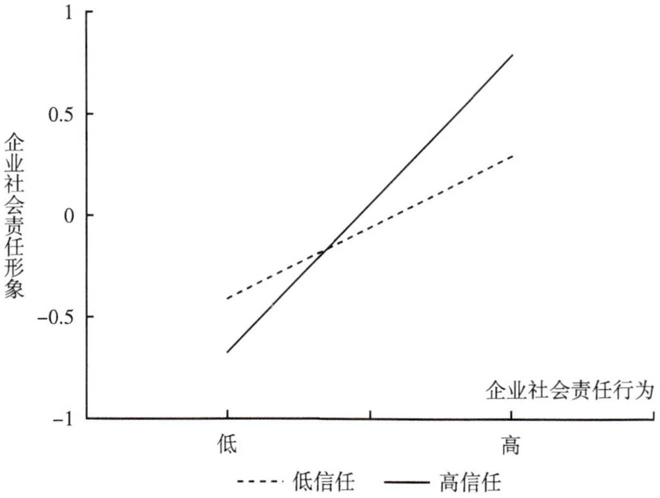

图 5-4 信任对 CSR 行为与 CSR 形象关系的调节效应

社会责任行为影响企业社会责任形象的作用越弱。假设 H11 认为善因匹配的程度对企业社会责任行为与企业社会责任形象关系的影响取决于消费者的企业社会责任归因。当消费者认为企业履行社会责任进行利己归因时，善因匹配程度对企业社会责任行为与企业社会责任形象关系的影响趋于消失；反之，消费者认为企业履行社会责任进行利他归因时，善因匹配程度会强化企业社会责任行为与企业社会责任形象之间的联系。本书运用收集的数据运行了模型 16、模型 17 和模型 18。数据分析结果如表 5-8 所示。

表 5-8 善因匹配和归因的调节作用分析结果

变量	企业社会责任形象				
	模型 12	模型 13	模型 16	模型 17	模型 18
控制变量					
品牌优势	0.134*	0.104*	0.093*	0.072+	0.054
创新能力	0.118*	−0.002	−0.026	−0.016	−0.014
服务质量	0.268***	0.098+	0.090+	0.093+	0.102*
企业声誉	0.155*	0.080+	0.057	0.077	0.080+
主效应					
CSR 行为		0.529***	0.456***	0.451***	0.418***
调节变量					
善因匹配			0.182***	0.215***	0.224***

续表

变量	企业社会责任形象				
	模型 12	模型 13	模型 16	模型 17	模型 18
归因			−0.081*	−0.063+	−0.024
二维交互效应					
CSR 行为×善因匹配				0.141**	0.190***
CSR 行为×归因				0.113*	0.073+
善因匹配×归因				0.001	−0.015
三维交互效应					
CSR 行为×善因匹配×归因					−0.179***
R^2	0.269	0.448	0.479	0.501	0.523
F	22.446***	39.501***	31.629***	23.875***	23.646***
ΔR^2	0.269	0.179	0.030	0.022	0.022
ΔF	22.446***	79.014***	7.040***	3.492**	11.161***

注：回归系数均为标准化系数，R^2 未经调整。+表示 p<0.1，* 表示 p<0.05，** 表示 p<0.01，*** 表示 p<0.001；均为单尾检验。

在模型 13 的基础上，加入调节变量善因匹配和归因，形成模型 16。结果显示模型解释力增加了 3%（$\Delta R^2 = 0.030$，$p < 0.001$），善因匹配对企业社会责任形象具有正向影响（$\beta = 0.182$，$p < 0.001$），利己归因对企业社会责任形象则具有负向影响（$\beta = -0.081$，$p < 0.05$）。将善因匹配和利己归因进行标准化，进而相乘构建善因匹配与企业社会责任行为的二维交互项、利己归因与企业社会责任行为的二维交互项以及善因匹配与利己归因的二维交互项，把这三个二维交互项代入回归方程，得到模型 17。模型 17 的解释力度较模型 16 提高了 2.2%（$\Delta R^2 = 0.022$，$p < 0.01$），善因匹配与企业社会责任行为的二维交互项对企业社会责任形象具有正向影响（$\beta = 0.141$，$p < 0.01$）。模型 18 引入了企业社会责任行为、善因匹配及利己归因的三维交互，模型对因变量解释度增加了 2.2%（$\Delta R^2 = 0.022$，$p < 0.001$），并且三维交互项的回归系数为−0.179（$p < 0.001$）。为了更加清晰地表达企业社会责任行为、善因匹配和利己归因的三维交互对企业社会责任形象的影响，笔者分别以高于利己归因均值一个标准差为高以及低于利己归因均值一个标准差为低，绘制出高利己归因（视为利己归因）和低利己归因（视为利他归因）的情境下，善因匹配程度高低对企业社会责任行为与企业社会责任形象关系的不同影响（见图 5-5）。

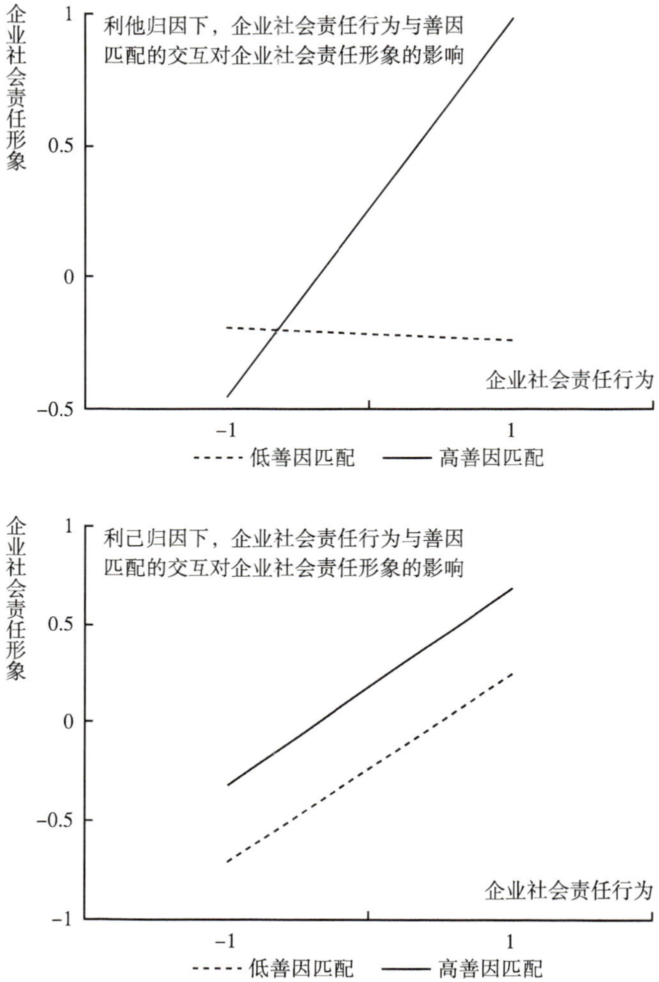

图 5–5　CSR 行为、善因匹配和归因的三维交互对 CSR 形象的影响

5.4　本章小结

本章在第 4 章对涉及变量的测量和数据的收集基础上，运用多元层级回归的方法对第 3 章所构建的理论模型及提出的假设进行实证分析和检验，包括主效应、中介效应和调节效应的检验，即企业社会责任形象对交易型结果——消费者购买意向和关系型结果——忠诚度及力推行为的主效应影响，消费者—企业认同在这三个关系中的中介作用；信任对企业社会责任行为与企业社会责任形象关系的调节作用；企业社会责任行为、善因匹配和归因的三维交互对企业社会责任形象的影响。结果表明，笔者根据文献及分析整理提出的理论模型和假设均得到较好的数据支持。检验结果如表 5-9 所示。

表 5-9　假设检验结果

概念模型的假设	检验结果
H1：企业社会责任形象对消费者的购买意向具有正向影响	接受
H2：企业社会责任形象对消费者的忠诚度具有正向影响	接受
H3：企业社会责任形象对消费者的力推行为具有正向影响	接受
H4：企业社会责任形象对消费者—企业认同具有正向影响	接受
H5：消费者—企业认同对企业社会责任形象与消费者购买意向的关系具有中介作用	接受
H6：消费者—企业认同对企业社会责任形象与消费者忠诚度的关系具有中介作用	接受
H7：消费者—企业认同对企业社会责任形象与消费者力推行为的关系具有中介作用	接受
H8：企业社会责任行为对企业社会责任形象具有正向影响	接受
H9：信任对企业社会责任行为与企业社会责任形象关系具有正向调节作用，当信任度越高时，企业社会责任行为影响企业社会责任形象的作用越大；当信任度越低时，企业社会责任行为影响企业社会责任形象的作用越小	接受
H10：善因匹配对企业社会责任行为与企业社会责任形象关系具有正向调节作用，当善因匹配程度越高时，企业社会责任行为影响企业社会责任形象的作用越大；当善因匹配程度越低时，企业社会责任行为影响企业社会责任形象的作用越小	接受
H11：善因匹配的程度对企业社会责任行为与企业社会责任形象关系的影响取决于消费者的企业社会责任归因：当消费者认为企业出于利己的考虑而履行社会责任的看法越强时，善因匹配程度对企业社会责任行为与企业社会责任形象之间关系的影响趋于消失；反之，消费者认为企业出于利他的考虑而履行社会责任的看法越强时，善因匹配程度就会更加强化企业社会责任行为与企业社会责任形象之间的联系	接受

第6章 讨 论

6.1 企业社会责任的关系型收益和交易型收益

数据分析的结果指出，企业履行企业社会责任行为后，由于建立起良好的企业社会责任形象，从消费者响应的视角来看，企业能够获得交易型收益（消费者购买意向提高）和关系型收益（消费者忠诚和力推行为有所加强）。对企业来说，相比产品购买这样的交易型收益，来自消费者的（诸如品牌忠诚、力推行为）关系型收益更是企业社会责任的基本战略红利。尽管我们发现更高的企业社会责任形象的确伴随着更高的购买意向水平，但是企业从事企业社会责任活动的优势在于关系型领域而不在交易型领域。这表明，从事企业社会责任不是短期销售的形成机制而是深化客户关系、创造品牌拥护的机制。换句话说，公司运用企业社会责任来增加销售业绩的效果，远不及通过它来获得更广泛、更深入和长期的消费者响应。因此，本书认为企业从事企业社会责任的真正价值，在于锻造企业和品牌的长期声誉资本。对于那样的企业和品牌来说，企业社会责任就好比长期“当需要时就可以用的保险措施”（Klein & Dawar，2004），而与只追求盈利性的措施有着极大的区别。归结为一点，相较于交易型收益而言，企业从事企业社会责任的收益以长期的关系型收益为主。例如，2014 年由《经济观察报》主办的“中国最受尊敬企业 30 强”，由学者、媒体人、企业管理者、公众对企业进行评选，选出了在中国最受尊敬的 30 家企业，包括阿里巴巴、百度、新东方、凤凰卫视、广汽丰田等企业。评选出的企业在规模实力之外，体现出了长久的生命力，彰显出了对社会的价值，能够平衡处理各种利益相关者关系。面对这些最受尊敬的企业，消费者可能并不会在短期内产生购买意向或采取购买行为，但却会对企业保持长期积极关注，深化对企业的认同感，拥护企业及其品牌，传播企业的口碑。一般来说，企业社会责任行为具有将消费者转变为长期品牌拥护者的潜能，而这对于关系营销来说具有巨大启示。尽管目前许多企业在客户关系管理上都做到了大力投资，但是公司与消费者之间的关系仍旧问题重重（Dowling，2002）。例如，Fournier 等（1998）认为，正如当前企业界实践表明，关系营销不是将顾客越拉越近而是越离越远。因此，他们劝说企业放弃建立“空、无意义、有压力”的关系。本书实证分析的结果却再次论证了企业社会责任可以成为建立有长远意义的关系的方式。因为企业社会责任很好地满足了消费者从本质上进行自我定义和自我增强的需求，将他们从品牌购买者转变为品牌拥护者。有研究将顾客资产（Rust et al.，2004）定义为企业所有顾客终生价值的加总。从这个意义上来讨论企业社会责任对客户关系的促进作月比作为品牌资产更具深度。本书试图论证企业社会责任形象带动的关系型结果，恰恰是在企业层面而非品牌层面。Rust 等在其文章中阐述到企业社会责任对品牌资产、价值资产和关系资产均有一定的贡献。例如，格力电器非常重视环保工作。当我国遭遇大区域严重雾霾污染时，格力电器自主研发出无污染供暖技术，向全世界发起了“生态倡议书”。格力还通过利用陶化工艺替代磷化工艺、10MW 太阳能光伏发电、溴化锂空调制冷、照明系统 LED 节能改造等项目进行节能减排和环保改造。除了在研发和生产中践行节能减排以外，格力还陆续在长沙、郑州、石家庄、芜湖、天津建设了 5 座绿色拆解基地，引导消费者“定频换变频”，实现废旧产品的绿色回收、降低污染。为了子孙后代可持续发展的环保项目使格力电器获得了消费者的认同，购买格力的产品不再只是购买行为，而是发自内心的环保举动。在与企业共同的环保理念下，很多消费者都成为了格力电器的长期用户。

从前面对企业社会责任结果的阐述可以得出，企业在运用企业社会责任这一策略时，需要确定好运用该工具的战略目标，即是出于增加消费者购买意向的需要，还是出于提高消费者忠诚度以及力推行为的目的。诚然，企业社会责任无论是在交易型收益方面还是在关系型收益方面都具有一定的成效。但是，我们认为作为拥有“远大抱负”的企业，更应当将企业社会责任作为提升自身企业形象和品牌形象的独门利器。Porter 在其 2006 年发表的一篇文章中阐述了企业社会责任与企业竞争优势的关系，[①] 他指出企业从事企业社会责任时可以划分为应激性企业社会责任和战略性企业社会责任。应激性企业社会责任综合了两方面要素，即使得企业表现得像良好的企业公民，同时又兼顾利益相关者的利益诉求。然而，对于很多企业来说，战略方面远可以比现在做得更好。说到底，战略无非就是做点与竞争对手不一样的事情而使得自己获得独特定位。战略性企业社会责任行为远远超越了良好企业公民的标准，使企业从国家的“经济公民”转变为“社会公民”，对企业和社会都产生巨大而突出效益的行为。Du 等（2007）也通过实验方法考察了企业采用企业社会责任战略定位给企业带来的利益。结果显示，相对于采用传统战略定位手段的企业而言，采用企业社会责任战略定位的企业在关系型收益方面更能获得消费者的认可和肯定，而且在企业出现负面新闻时，消费者更加愿意站出来为企业澄清事实并给予改正的机会。随着竞争的加剧，企业越来越意识到维持老客户与争取新客户所付出的成本与收益是有所区别的。通过广告等方式争取新客户所付出的成本之高是企业自有体会的。相反，采用客户关系管理等手段来维持老客户，并向老顾客销售产品和服务获得利润则可以达到事半功倍的效果。同时，对于竞争激烈、产品和服务同质化程度高的行业，产品和服务本身的特质对于消费者的吸引程度大大降低，而消费者对生产该产品或提供该服务

① Michael E. Porter and Mark R. Kramer. Strategy and Society: The Link between Competitive Advantage and Corporate Social Responsibility. Harvard Business Review, 2006 (Dec.).

的企业以及品牌的认同会对其态度产生重大影响。例如，在竞争激烈、市场接近饱和的银行业和乳品行业，产品同质化程度较高，消费者对于品牌的辨识度和忠诚度降低。但是，通过采取企业社会责任战略定位，中国工商银行和伊利集团分别在银行业和乳品业中名列第一，并遥遥领先同行业企业，使得其在同行业中脱颖而出，成功赢得了消费者的关注和认同。

此外，从实证研究的结果来看，企业从事企业社会责任在消费者心目中树立良好的企业社会责任形象后，企业在关系型结果方面取得的收益会远远大于直接的交易型收益。企业社会责任行为在帮助企业建立长期声誉资本方面具有强大的推动能力。对于一家长期从事企业社会责任活动，试图通过自己的所作所为来改造社会的企业，人们总是愿意给予更多的信任与支持。诚如之前所述，企业社会责任可以作为企业的“保险措施”。企业将资源投入到企业社会责任活动当中，向利益相关者表明自己对待利益相关者、对待社会的责任和义务。一旦企业面临公关危机，由于企业平素建立起来的良好印象可以冲销一部分负面效应，从而降低公关危机给企业带来的冲击和压力。

话分两头，企业长期从事企业社会责任积累起正面的效果，也可以提升消费者对企业的忠诚度和力推行为。消费者对企业的忠诚是维系企业与客户关系的重要因素。消费者忠诚一旦建立起来，将大大提高竞争对手与企业较量的门槛，竞争对手必须付出极大的代价才有可能攻破消费者的这道心理防线。消费者进行品牌选择的心理转换成本会因为这种忠诚度的提高而大大增加。当然，这也是吸引企业积极从事企业社会责任的重要方面。消费者的力推行为主要体现为传播积极的口碑以及稀释（或者说淡化）负面信息。积极口碑的传播甚至比广告等宣传方式给企业带来的消费者产品和服务购买更应当引起企业的注意，尤其是企业的新产品。科技进步速度越来越快，例如电子、计算机等行业的产品更新换代也随之加快，消费者容易接受新产品和新服务。但是，企业希望进行多元化经营时会面临更多的沟通问题，如消费者更加倾向于信任新产品和新服务所属行业中原有老资历企业生产的产品和提供的服务。这样，就给试图进入该行业的企业带来了严峻挑战——强大的进入壁垒。企业通过从事企业社会责任以及其他活动所积累起来的积极口碑可以很好地消除消费者的顾虑。当消费者面对新产品和新服务时，往往会因为信息不足而难以判断是否购买，但是如果是一直拥有积极口碑的企业所生产的新产品和提供的新服务，那么对该企业一直存有认同感的消费者会出于对该企业的认可和信任，愿意尝试它的新产品和新服务。而这些消费者在尝试新产品和新服务后，经常会自愿向亲朋好友推荐该企业的新产品和新服务，他们在无形之中就充当了企业的宣传大使，从而给企业带来巨大的宣传效应。企业社会责任的履行和实施能够大大增强消费者充当企业宣传大使的意愿和积极性。本书以中国银行业为调查行业得到的数据进行分析，结果表明，越是在消费者心目中树立起良好企业社会责任形象的企业，消费者越是愿意给予它更多的信任与支持。

6.2 企业社会责任形象的塑造

既然企业通过实施企业社会责任行为在消费者心中形成良好的企业社会责任形象能够带来交易型收益和关系型收益，尤其是越来越被重视的关系型收益，那么如何才能成功地塑造起良好的企业社会责任形象就成为企业热切关注的重要议题。越来越多的学术研究已经证明了企业通过从事企业社会责任活动能够获得广泛的利益（Du et al.，2007；Fombrun et al.，2000；Lichtenstein et al.，2004；Sen & Bhattacharya，2001；Sen et al.，2006）。这些益处显而易见。例如，本书所考察的研究问题之一就是企业能从利益相关者群体之一的消费者那里持续获得好处。通过成为备受尊敬的企业公民，企业能够培养和提高消费者的忠诚度，令消费者成为企业或品牌的形象大使并积极向亲朋好友推荐该企业或品牌的产品和服务（这种极力推荐行为包括传播有利的口碑、愿意支付额外的价格和帮助回击对公司不利的新闻）。

当然，企业社会责任行为的商业回报不仅仅局限于消费者领域。基于利益相关者驱动的视角来看待企业社会责任行为带来商业回报的话，个人其实可以通过多种方式来回应企业的企业社会责任行为，而不是更多地购买该企业的产品或者服务，此外还可以通过例如求职和投资等其他方式来回应积极从事企业社会责任行为的企业。正如众多文献所论证的，这种多方面而且让人垂涎的商业回报来自企业社会责任具有构建和加强与利益相关者关系的独特能力。既然企业社会责任的商业回报如此诱人，那么企业在从事了企业社会责任行为后是否就一定可以从利益相关者那里获得相应的回应呢？倘若企业只是一厢情愿地只顾自己地去作为，那么毋庸置疑的是，利益相关者对企业的企业社会责任行为的回应会因了解程度的不同而有所差异。到目前为止，已经有一些研究开始试图探究企业社会责任驱动利益相关者行为的心理作用机制以及结果，其中不乏将企业社会责任认知作为研究变量的研究。尽管如此，近来众多对于实际利益相关者进行的研究认为：无论是诸如消费者这样的外部利益相关者还是员工这样的内部利益相关者，他们对于企业社会责任活动的认知都很低。利益相关者对企业从事企业社会责任行为缺乏认知就会导致企业企图运用企业社会责任活动来获得战略利益的效果受到严重制约（Bhattacharya et al.，2008；Du et al.，2007；Sen et al.，2006）。与这些发现相符，本书发放的问卷之所以存在众多无效样本的重要原因就在于消费者对自己经常使用银行在企业社会责任方面的作为知之甚少。至此，我们提出了影响企业社会责任行为成功塑造企业社会责任形象的重要因素——消费者对企业社会责任行为的感知。

当然，除了企业社会责任感知以外，企业在从事了企业社会责任行为后能够有效转化为消费者心目中良好的企业社会责任形象的关键就在于降低消费者的质疑。尽管消费者声称他们希望了解他们购买产品或服务的企业是否做“好”事，但是当企业积极宣传自己在企业社会责任方面做出的努力时，消费者又立马对企业的行为变得警觉起来。反之，企业如果为了刻意不拿慈善做噱头而减少慈善行为的投入，也会遭到消费者的怀疑和排斥。例如，2008 年中国发生“汶川大地震”灾害时，万科向四川灾区捐款 200 万元，董事长王石表示“万科捐出 200 万元是合理行为”，并规定“普通员工每人限捐 10 元，慈善不应该成为负担”，声称慈善不应该是企业的噱头，不应该在慈善捐款数额上攀比。此事件给万科和王石带来了巨大的舆论压力，最后不得不拿出1亿元的重建灾区资金方案，但消费者仍然不买账，对万科的负面印象有增无减。总体而言，消费者对企业从事企业社会责任行为动机的归因分为外在动机和内在动机。如前所述，外在动机是指企业试图增加利润，而内在动机则是指企业出于对焦点问题的切实关心。多数研究认为企业从事企业社会责任的内在动机越强，消费者就认为企业内在品质越好，就会更积极地对待企业；反之，越是感知到企业的外在动机时，消费者对企业的有利态度和行为就越少（Forehand & Grier，2003；Yoon et al.，2006）。

总体来看，为了成功塑造起企业在消费者心目中的企业社会责任形象，企业必须在两方面着力：一方面尽可能地提高消费者对企业从事企业社会责任行为的感知；另一方面又要尽可能地降低消费者对其行为的质疑，即提高消费者对企业的信任。本书在揭示消费者解读企业社会责任行为的心理机制时重点讨论了信任和善因匹配两大因素。研究结论表明，消费者对企业的信任是一个非常关键的影响因素。消费者越是信任一家企业，那么这家企业从事企业社会责任行为后就越是能够在消费者心目中形成良好的企业社会责任形象（即企业社会责任形象）。反之，消费者越是不怎么信任这家企业，那么任凭这家企业在企业社会责任方面有什么样的作为，消费者都是不买账的，甚至还会起到反作用。这说明企业在采取企业社会责任行为作为改善企业形象的手段时，需要结合本企业的实际情况来综合考虑，万万不可盲从潮流。企业社会责任并不是企业能够凭此迅速获得消费者认可的捷径。换句话说，要想真正获得消费者的肯定，企业必须踏踏实实做好产品、搞好服务，在向消费者提供保质保量的产品和服务基础上寻求“锦上添花”。离开提供质优价廉的产品或服务的前提，企业从事企业社会责任行为就成为无源之水、无本之木。人们对坏消息的敏感程度远高于对好消息的敏感程度。对于声誉向来不太好的企业来说，冷不丁做点“好事”并不能抹去其过去干的“坏事”。除非它能够“痛改前非”，在本专业领域兢兢业业地改进产品和服务，并在力所能及的范围内为社会做出自己的贡献，这样消费者才有可能对该企业有所改观。从某种意义上来说，企业社会责任对于企业而言是“保健品”而非“药品”。企业需要去从事企业社会责任以保证机体在社会中得以正常运转，树立恰当的企业社会责任意识才能够有效地管理企业与各利益相关者的关系。而当企业出现严重危机时，企业也不能够指望从事企业社会责任能够迅速有效地“止血止脓”，必须有针对性地对症下药。然而，现实世界当中的企业很多时候并不明白这个道理。

信任不可能在短时间内形成，需要长期的积累和沉淀。信任在企业与客户关系之中是一个非常重要的变量。但是信任犹如品牌一样，建立起信任关系需要很长时间而毁灭彼此间的信任却是轻而易举的。企业在向顾客提供产品和服务时要取得顾客的信任，首当其冲的就是产品和服务的质量，只有真正称得上“行业专家”的企业和品牌才能得到顾客的认可。这就好比病人对医生的态度。当人生病就医时，如果医生告诉病人该吃什么药打什么针，该怎样忌口，病人往往会笃信医生的医嘱。毕竟医生是权威是专家。同理，企业要让消费者信任自己，就必须成为能够为消费者解决问题的权威和专家，为消费者带来切实的利益，这样消费者才能因此而信赖企业。其次，信任的建立依赖于企业或者品牌以往给潜在客户传递的信息，这些信息既可能是正面的，也可能是负面的。企业还可以通过在有关媒体上发放广告、新闻媒体报道或者公司网站等方式影响消费者对它的第一印象。最后，企业还需要进一步与客户进行沟通和交流，让消费者更多地了解企业，建立起消费者对企业和品牌的认知。除了通过销售人员与客户建立相应的关系外，还需要进行一定的品牌和企业推广活动，策划针对客户群体的公关活动。通过这样一系列的工作安排，给客户形成更好更深的印象，促进信任的形成。

本书还重点探索了善因匹配这一因素在消费者心理机制中所起的作用。实证研究表明，善因匹配对企业社会责任行为与企业社会责任形象的关系起着调节作用，即在善因匹配程度高的条件下，企业社会责任行为可以更加有效地转化为消费者心目中良好的企业社会责任形象，而在善因匹配程度低的条件下，企业社会责任行为转化为良好企业社会责任形象的作用受到抑制。由此可见，善因匹配是影响企业从事企业社会责任行为能够成功转化为消费者心中良好的企业社会责任形象的又一关键因素。善因匹配问题实际上是企业在从事企业社会责任时所选择的社会问题与本企业主营业务的相符性。利益相关者通常会期望企业只赞助那些与公司核心业务适合的或有内在联系的社会问题。企业社会责任领域的匹配（本书视为善因匹配）来自于企业或品牌与善因的共同联想。这种匹配可以源自多方面，例如产品维度（生产草药产品的企业品牌赞助热带雨林的保护、生产电子产品的企业致力于降低辐射污染）、与特定目标群体的密切关系（世界著名化妆品品牌雅芳在对抗乳腺癌方面做出了自己贡献），或者由品牌过去在特定社会领域的行为造成的公司形象联想（例如 The Body Shop 在环保方面的活动以及不利用动物进行化妆品实验）。

Gwinner（1997）将企业与所赞助事件之间的匹配划分为功能性匹配和形象匹配两大类型。功能性匹配是指产品的特色或者企业日常业务活动与赞助善因之间的相似性或相关性。[①] 这种功能匹配能够将企业能力与企业社会责任活动有机结合起来，让企业更有目标地去关注有助于提高企业经济效益的社会公益，将企业社会责任真正整合到企业的发展战略当中。这种善因选择对于消费者来说是更加符合逻辑的，因此，功能性匹配程度越高，消费者越是容易感受到企业从事企业社会责任的真诚，越是容易将对待善因的态度迁移到从事善因活动的企业或品牌上来，这样可以实现双赢。但是，也有学者提出如果企业过分追求高的功能性匹配可能会让消费者认为企业在利用善因。例如生产香烟的企业却与反吸烟组织合作，这足以让消费者产生对品牌的不信任和不支持态度。

另一种匹配被称为形象匹配。形象匹配在于让消费者感知到企业或品牌与善因问题合作的合乎情理程度。形象匹配试图向消费者传达出企业支持善因所持有的价值观以及企业长期的经营理念与所支持的善因之间存在较高程度的一致性。本书所涉及的善因匹配问题综合了这两种类型的匹配问题。

由于企业在从事企业社会责任时选择的善因与自身匹配在企业社会责任形象的塑造过程中还会受到消费者对企业的企业社会责任归因的影响，所以消费者对企业从事企业社会责任行为所持有的归因也很重要。本书甚至考察了企业社会责

① Gwinner Kevin. A Model of Image Creation and Image Transfer in Event Sponsorship. International Marketing Review，1997，14（3）.

任行为、善因匹配和归因的三维交互对企业社会责任形象的影响。实证分析的结果显示，当消费者进行利他归因时，善因匹配对企业社会责任行为与企业社会责任形象关系的正向调节作用得到强化；而当消费者进行利己归因时，善因匹配对企业社会责任行为与企业社会责任形象关系的调节作用甚至消失了。

根据归因两阶段模型（Gilbert，1989），消费者先将企业社会责任行为归因为含有某种性情的动机（也就是内在动机）。然后，如果消费者有着足够的分析能力并且进一步追问企业有关竞争压力、财务动机等详尽的细节，那么他们就会对起初得到的推论加以矫正。倘若企业从事企业社会责任所选择的社会问题与企业业务或形象缺乏内在联系而导致低善因匹配，那么就很有可能增加消费者的认知需求并使得消费者认为企业的外在动机越发突出，因而降低消费者对公司企业社会责任活动的积极反应。因此，当企业选择支持的社会问题与公司业务存在某种程度的重叠时，企业应当不遗余力地强调这种匹配性。也就是说，当企业与其所支持的社会善因没有自然的匹配时，那么企业在做宣传时就要尽可能详尽地去阐明企业选择这一善因的合理性从而提高消费者感知的匹配程度。例如，作为美国糖尿病协会赞助方之一的 DenTek Oral Care 就在其赞助传达中详尽地阐述糖尿病可以引发蛀牙、口气、口干以及牙龈疾病（Simmons & Becker Olsen，2006）。[①] 这种做法是值得肯定的，但是由于很多人不了解糖尿病有关的牙科问题，那么 DenTek Oral Care 的这一赞助行为就可能被消费者认为是很不匹配的，从而大大降低这种行为在塑造良好企业社会责任形象方面所起到的积极作用。通过阐明赞助事件与自身核心业务的潜在联系，企业可以形成高的感知匹配并因此而从企业社会责任活动中获得巨大的商业回报。有意思的是，也有学者提出了相反的观点。例如 Bloom 等（2006）的研究就认为，在某些情境下，低的善因匹配反而会导致利益相关者更多的赞许反应，因为可能低的善因匹配会使得企业在从事企业社会责任行为时显得更为真诚，从而增加其企业社会责任宣传的有效性。

① Du Shuili，C. B. Bhattacharya and Sankar Sen. Maximizing Business Returns to Corporate Social Responsibility（CSR）: The Role of CSR Communication. International Journal of Management Reviews，2010.

6.3 企业社会责任宣传

本书主要讨论的是企业该如何从事企业社会责任行为的问题。从研究模型的构建以及实证研究的结果来看，企业试图应用企业社会责任行为塑造有利的企业社会责任形象进而获得商业回报的盘算需要解决四大挑战：第一，尽力提高消费者对企业社会责任的认知。第二，增加消费者对企业的信任。第三，在从事企业社会责任行为时尽量选择与自身业务或者形象相匹配的社会善因。第四，引导消费者对企业从事企业社会责任行为进行利他归因。涉及的这四大挑战，企业除了在从事企业社会责任行为之前以及实施过程中需要加以考虑外，在实施企业社会责任行为后，也要重视企业社会责任宣传。由于消费者对企业从事企业社会责任活动的认知和归因都是形成企业社会责任战略利益的重要先决条件，那么企业管理者们就必须深刻理解关于企业社会责任宣传的重要问题。

企业社会责任宣传可以说也是企业如何从事企业社会责任行为的重要组成部分，与企业社会责任战略的成功实施息息相关。本书考察企业社会责任宣传既包括宣传内容（即需要宣传什么信息），也包括宣传途径（在什么渠道进行宣传），因为这些都很有可能影响企业社会责任宣传的效率。在此，笔者假设企业已经在企业社会责任行为方面有所决定，诸如赞助与本企业业务密切相关的社会问题，并且已经在这方面有所作为。我们只需关注企业在企业社会责任宣传方面的实施问题，如何更有效地宣传企业社会责任活动是企业亟待解决的重要议题。以下，我们围绕着解决上述四大挑战如何在宣传方面大展身手进行讨论。

6.3.1 宣传内容

我们先来讨论一下企业在从事企业社会责任行为后应当向消费者尽可能地宣传哪些信息。

第一，关注社会问题本身。一条有关企业的企业社会责任活动的信息很大程度上通常针对一个社会问题或者企业对该社会问题的特殊参与。这本质上涉及企业在做企业社会责任广告时的策略问题，即究竟是应该重点突出社会问题还是应该强调企业对该社会问题的参与？在此，以某公司为例，做法一是该企业关注濒危野生物种的危机并且试图劝说消费者支持世界野生动物基金会来拯救那些濒危物种，然而却很有节制地以赞助者的身份来识别自己的标识。相反，做法二是这家公司的广告仍是强调自家的产品以及强调将每件产品收入的 1 角钱捐赠给世界野生动物基金会。当企业社会责任信息过分强调的是社会问题（而非企业品牌或其产品）时，消费者会更有可能怀疑其隐藏的动机。因为从本质上而言，过分强调社会问题本身而忽略企业产品或品牌的广告不符合企业从事企业社会责任行为原本的打算（Friestad & Wright，1994）。本书的实证结果建议企业尽可能从事与本企业业务或者形象有密切联系的社会问题，这样可以让消费者很快理解企业的意图并减少质疑的可能性。但是由于企业在从事企业社会责任行为时并不会一成不变地投入到某一个社会问题，那么企业就很有可能从事与自身匹配程度低的社会问题。对于这样的企业社会责任行为的宣传，企业应当强调社会问题的重要性并传达出正因为不是为了自身利益才选择一个与公司业务无关的社会问题的初衷，从而减少消费者对隐藏动机的关注以增加广告的可信度（Menon & Kahn，2003）。尽管如此，目前大多数企业在进行企业社会责任宣传时却只是关注于本企业参与了各种不同的社会事业，而不对该社会事业本身加以关注，这样就容易给消费者造成“作秀”的印象。

第二，强调企业社会责任在善因上的投入。一家企业可以以很多方式来对社会问题进行投入，包括捐赠、同质补偿或者向社会提供营销意见、人力资本（例如员工志愿者）和研发能力等其他企业资源。企业社会责任投入主要包括以下三个方面，即投入的数量、时间和投入的连贯性（Dwyer et al.，1987）。企业可以有选择地集中于企业社会责任投入的一个或几个方面。例如，在 2008 年企业责任报告中（中国农业银行 2008 年企业社会责任报告摘要），中国农业银行“2008 年共参与公益赞助捐款项目 450 次，捐助金额 2247.87 万元。全年公益救济性捐赠支出达1.11亿元。全年组织助学支教项目769次，捐款419万元，帮助失学儿童和贫困学生完成学业。积极参与中国银联携手中国农业银行及其他4家银行共同推出慈善主题贷记卡——'中国红'慈善贷记卡”。于此，中国农业银行对2008年参与的公益赞助捐款项目的阐述较为详细，具体到一年整的次数。但是，很明显，这种阐述仍有过于笼统的嫌疑。消费者很难从这份社会责任报告中看到中国农业银行积极投入到公益救济性捐赠和教育助学捐赠的具体行为以及这种投入的连贯性。还有一个例子就是农夫山泉。“一瓶水，一分钱。每喝一瓶农夫山泉，你就为水源地的贫困孩子捐出了一分钱。饮水思源，农夫山泉。”这是农夫山泉于2006年在中央电视台以及多家地方台等媒体上发布的“饮水思源”广告，这则广告引起了社会的广泛关注。很多消费者都对该广告记忆犹新，广告确实感人。毫无疑问，农夫山泉凭借这则企业社会责任宣传的广告赢得了满堂彩。在接下来的几年里，农夫山泉从“一分钱”的企业社会责任行为中获得了巨大商业回报。然而，农夫山泉的这一社会责任行为却随着消费者的成熟遭到了质疑。消费者开始质疑农夫山泉“假捐”。根据广告，农夫山泉的捐赠与其销售额直接挂钩，然而企业销售量属于商业机密，因此难以对农夫山泉进行监督。有消费者认为农夫山泉未能在广告中明确说明活动的具体期限及日期，容易误导消费者，甚至有消费者认为农夫山泉有利用公众爱心来做公益实际是以此谋得暴利的嫌疑。《公益时报》对农夫山泉的“一分钱”项目进行了追踪调查。“一分钱”项目于2001年启动，当时提出的口号是“喝农夫山泉为奥运捐一分钱”，以此来支持北京申办2008年奥运会。2002年，由于北京申奥成功，“一分钱”项目的活动主题更换为“阳光工程”。据公开资料显示，农夫山泉在此期间共将价值500万元的体育器材捐赠给全国395所学校。但是这些体育器材的捐赠方式无从考证。2004年，“一分钱”项目着重支持“中国体育事业”，但是捐赠情况不知。2006年，农夫山泉与宋庆龄基金会合作，注入500万元成立“饮水思源”助学基金，以此来帮助农夫山泉水源地的贫困孩子。2007年，《公益时报》记者未能从公开渠道查到“一分钱”公益项目有任何捐赠活动。2008年“汶川大地震”发生后，农夫山泉未向灾区进行任何现金捐赠，而是先后捐赠价值约 1700 万元的矿泉水等物资。[①] 不论农夫山泉“一分钱”项目遭受消费者怎样的考问，我们都应该从这一事件中得到相应的教训和经验。企业在企业社会责任宣传当中不能够过于笼统，需要如实地向消费者报告善因投入的具体金额、持续时间以及活动的连贯性等详细内容。而其中最重要的就是要真诚地从事善因活动，只有这样才能获得消费者长期的信任与支持。

第三，提出企业的这种企业社会责任行为对社会问题产生的影响。企业在从事企业社会责任行为后也可以着眼于企业社会责任努力的外部方面，也就是说企业投入到该社会问题给目标受众带来的好处。例如，在一篇美国国家儿童保健和人类发育研究所（1999）发布的关于企业合作伙伴支持预防婴儿猝死综合征的“婴儿须倚背而眠”竞赛，据估计，由于企业的支持，在 3500 名美国婴儿中有 2002 名获救。类似地，携手联合国儿童基金会，帮宝适发起了一项社会活动——“一包=一支疫苗”向发展中国家的准孕妇分发破伤风疫苗。如此一来，可以帮助她们的新生儿免于新生儿破伤风。这个项目的标题清晰地传达了该项目的社会影响和消费者对帮宝适产品购买的影响。宝洁公司通过强调帮宝适的企业社会责任投入造成的社会影响有助于向消费者传达出合适的信息。当然，诚如前人的研究，企业社会责任宣传务必讲求事实，避免给人留下吹嘘的印象（Sen et al.，2009）。此外，企业的企业社会责任投入和它的社会影响也要服务于潜在企业社会责任动机，以此来向消费者给出诊断性暗示。Webb 和 Mohr（1998）发现善因支持的持续性经常被视为判断企业从事企业社会责任行为动机的暗示之一：长期的投入会被认为是企业基于增加社会或社区福利的内在动机驱动，而短期的投入就更容易被消费者认为是企业为了增加利润而采用的善因营销而已。同理，长期的投入对社会问题产生的影响也更为消费者所认可，因此，企业在从事企业社会责任行为后进行恰当合理的宣传有利于企业社会责任形象的塑造。

第四，着眼于企业社会责任动机。除了在企业社会责任宣传中描述企业的企

① 资料来源：http：//www.gongyishibao.com/zhuan/nongfushanquan/index.html.

业社会责任投入和企业社会责任行为给社会带来的影响以外，企业社会责任宣传也可以着眼于企业社会责任动机。诚如我们之前所述，在企业社会责任行为转化为消费者心目中的良好企业社会责任形象的过程中，降低消费者的质疑是企业面临的重要挑战。与诸如生产优势、发明等与企业能力相关的信息不同，企业的企业社会责任信息重于反映企业的身份。这种身份不仅是基本而持久的，而且还由于具有特殊的要素而与众不同（比如公平的雇佣政策、赞助社会事业和参与环境保护活动等）。表达身份特质的企业社会责任信息对于消费者对企业活动的动机进行归因至关重要：当利益相关者怀疑隐蔽的自我服务的动机时，他们很可能避免对企业身份进行有利的推断（Fein & Hilton，1994）。

研究表明，消费者越对企业从事企业社会责任行为进行利己归因，消费者就越容易质疑企业从事企业社会责任行为的真诚性，从而影响企业运用企业社会责任达到将商业回报与企业形象都纳入囊中的效果。因此，企业社会责任宣传变得非常复杂，并且面临的一个重要挑战就是如何将消费者对企业从事企业社会责任活动的内在动机的质疑降到最低。从众多公司网站对企业社会责任宣传的调查发现，企业随着其向利益相关者传达的企业社会责任动机的不同而有所变化。有关企业社会责任归因的研究表明：消费者经常可以从企业给出的企业社会责任信息中感知到多重动机，并且他们对企业通过企业社会责任活动达到一定商业目的的做法也表示一定的理解（Ellen et al.，2006）。根据 Forehand 和 Grier（2003）的研究，在企业社会责任信息中承认企业外在的、为企业服务的动机实际上能够增强其企业社会责任宣传的可信度并抑制消费者的质疑。由此可见，一家企业在企业社会责任宣传当中强调社会和商业利益的结合点，并且坦诚地表示其从事企业社会责任努力既有利于社会又使得自身受益，那么也是做好企业社会责任宣传工作的好办法（Porter & Kramer，2006）。

近来关于 CSR 归因的研究认为，消费者经常不是简单地将企业的企业社会责任行为归因为单纯的外在动机或内在动机，而是进行复杂的归因处理，并且有能力感知企业社会责任动机。通过运用开放式调查的方式来考察消费者对企业社会责任活动的归因，Ellen（2006）发现大部分被调查者都认为企业的动机是混合的。值得一提的是，当企业社会责任动机是内在动机与外在动机并存时，调查者对企业社会责任行为的反应比单纯地感知到内在动机或外在动机时更加积极。Ellen 的发现与其他一些研究相吻合。有研究认为只要消费者感知到企业从事企业社会责任行为也是出于某种程度的内在动机，那么他们通常会容忍企业的外在动机（Sen et al.，2006）。消费者对企业从事社会责任活动的外在动机的容忍表明，当消费者了解企业社会责任和公司的意图时，他们愿意更多地采用双赢的方式来看待，认为企业履行社会责任能够而且应该既服务于社会需要又服务于企业的底线，这也是消费者变得更加理性和成熟的标志。同理，Forehand 等（2003）认为消费者也会消极地回应甚至惩罚那些故意操作或者欺骗性的市场策略，而不会消极地响应外在的企业社会责任动机。那么，当消费者感知到的企业从事企业社会责任的动机与其公开宣称的动机之间的任何差异都会引发消费者的质疑并感觉到自己被企业欺骗时，而这将导致对企业社会责任活动的消极响应。因此，Forehand（2003）主张通过在企业社会责任宣传中承认自己的外在动机和内在动机，企业能够有效抑制消费者的质疑，从而增强企业发布的企业社会责任信息的可信度并获得更多的善意。总之，为了尽可能地降低消费者对企业从事企业社会责任活动的质疑，企业在企业社会责任宣传当中应当努力真诚地传达自己的动机，让消费者理解自己，同时也相信消费者的认知能力与理解能力。

6.3.2 宣传渠道

在讨论完应该发布什么样的企业社会责任信息内容后，企业下一步需要考虑的就是选择什么样的渠道和途径来发布企业社会责任信息。这就涉及应该重视信息渠道选择的问题。

企业可以通过多种渠道发布企业社会责任活动的有关记录。企业既可以通过企业社会责任年报、出版发行物等官方文件，也可以通过在企业网站上开辟企业社会责任板块，还可以运用电视广告、杂志或广告牌以及产品包装等来宣传它的企业社会责任活动。企业责任报告是各家企业进行企业社会责任宣传的主要手段。除了企业责任报告和建立网站板块的方式以外，公司也利用传统的广告途径来宣传它的企业社会责任活动。例如，可口可乐公司旗下的健怡可乐运用电视广告来帮助提高妇女对心脏病的认识，并建立了一个网站来宣传品牌对善因的支持以及让消费者参与的各种途径。此外，企业也可以运用产品包装来宣传企业社会责任活动。

在以上提到的各种宣传渠道中，有些是企业可控的，有些则是企业外部的渠道。社会责任报告、公司网站企业社会责任板块、出版发行物等是企业可控的宣传渠道。而例如媒体、消费者、监督机构和消费者论坛及博客等外部宣传工具则是企业难以完全掌控的工具。例如，由中国企业评价协会与清华大学社会科学学院共同发布的《中国企业社会责任500强榜单》就是企业外部对企业社会责任履行情况较具公信力和科学性的排行榜。该榜单的评选对象是《财富》世界企业500强、中国企业500强和中国民营企业500强的所有企业，通过设立10项一级指标、62项二级指标、121项三级指标，通过严格的评选打分最终得出中国500家对社会最负责的企业。在自有的宣传渠道方面，公司可以控制企业社会责任宣传的内容，但是通常而言企业对于媒体方面如何宣传企业的企业社会责任记录几乎没有控制力。类似地，相对于非价值链伙伴（监督组织、顾客）而言，企业对价值链上的伙伴可以施加更大的控制，例如相对于供应商来说具有强大议价能力的企业对供应商就具有较强的控制能力。总而言之，许多宣传企业社会责任的渠道随着它们被公司控制的程度而有所变化。

究竟是选择可控制的内部渠道进行企业社会责任宣传还是选择难以控制的外部渠道进行宣传？这对于企业来说，需要更为妥当的权衡。从本质上而言，这涉及对企业社会责任宣传的可控度和可信度之间的平衡问题。因为对于消费者而言，越是被企业低可控的企业社会责任宣传往往意味着越是可信，反之亦然。相对于外部企业社会责任宣传渠道，消费者更有可能认为企业在内部可控的渠道宣传自己履行企业社会责任说明企业无非是在自夸而已。消费者对于从他们认为有倾向性或者自利企图的来源获得的信息更加吹毛求疵（Wiener et al., 1990），而由企业自身发布的企业社会责任信息则会引起更多的质疑，而且被认为更不可信。

虽然目前有一些中国企业在撰写社会责任报告书，但是这些社会责任报告书大多被写成了自我颂扬书，让消费者难以通过企业发布的企业社会责任报告书来全面了解企业的社会责任状况。中国社会科学院经济学部的研究人员对 2009 年 1 月 1 日到 10 月 31 日期间中国内地发布的 582 份企业社会责任报告进行统计发现，其中只有 10%的企业在报告中披露了自己的负面信息，而对于绝大多数报告而言，凸显企业亮点几乎成了报告的唯一目的和要求。Szykman 等（2004）发现消费者推断由啤酒公司发起的反对酒后驾车信息主要是出于自我服务的动机。类似地，Yoon 等（2006）表明当消费者从中立来源（例如独立组织提供的对公司行为做出的无偏评价）获得关于企业从事企业社会责任活动的信息时做出的反应要比从该企业发出的企业社会责任信息更加积极。

因此，企业在实施企业社会责任宣传时，尽管让媒体配合比较难，但是考虑到消费者对发布出来的企业社会责任信息的信任，公司仍应当尽可能地考虑从电视、出版编辑等独立、无偏来源发出积极的媒体报道。倘若企业能够尽力在一些被公众高度认可的独立出版刊物社会责任排名中出现，那么将大大提升企业的企业社会责任形象。与此同时，企业还应当试图鼓励使用非正式但被消费者认为可信的宣传渠道，例如利益相关者的口碑。Dawkins（2004）强调，企业不应当低估企业员工作为企业社会责任宣传的力量和能力。Dawkins 关于员工力推行为的研究表明，大约 1/3 的员工曾建议别人使用他们公司的产品和服务。由于通过员工天然的社会纽带，他们可以广泛联系其他利益相关者群体，而且员工通常被消费者认为是可信的信息来源。因此，企业应当调整内部企业社会责任宣传战略并想方设法鼓励员工成为企业的企业社会责任拥护者和宣传者。

另外一个可以作为有利企业社会责任宣传者的利益相关者群体是消费者，他们也被认为是非正式但可信的企业社会责任宣传渠道。特别是消费者口碑可以广泛传播并触及诸如博客（例如搜狐博客、腾讯博客等）、聊天室（如 MSN、QQ 等）、微博（新浪微博、腾讯微博、Twitter）、微信以及社会媒介网站（例如人人网、开心网、Facebook、YouTube）等网络宣传媒体。企业可以先发制人地运用社会媒体来鼓励消费者成为它们企业社会责任的拥护者。以从事环境管理而为人们所知的 Timberland 公司在 2008 年启动了一项地球管家的竞赛，以此招募 100 万人参与设计启发真实的环保行为的网络作业。作为地球管家项目的一分子，Timberland 公司运用了全球社交网络工具，包括强大的 Facebook、Youtube（CSRWire，2008）。通过这一竞赛，Timberland 有效地宣传了它的可持续发展实践，更重要的是，企业在这场活动中所扮演的角色给消费者留下了极为深刻的印象。

6.4 本章小结

企业通过从事企业社会责任行为力图在消费者心目中形成对企业有利的企业社会责任形象。这种有利的企业社会责任形象能够积极影响消费者响应，包括交易型响应和关系型响应。那么企业就不应只是被动地履行企业社会责任，而应从交易型结果和关系型结果两个方面来考察企业社会责任带来的商业回报。由于消费者—企业认同在企业社会责任形象与消费者响应的关系中起着中介作用。因此企业要尽量地在从事企业社会责任行为的过程中向消费者表达自己与消费者的共同点，从而获得消费者的认同。然而，企业试图通过从事企业社会责任行为塑造良好企业社会责任形象的实践会受到消费者对企业的信任以及自身从事企业社会责任行为时选择的善因与企业业务匹配程度的影响。消费者对企业从事企业社会责任行为进行何种归因又会导致善因匹配对企业社会责任行为与企业社会责任形象关系影响的不同。在利他归因下，善因匹配程度会强化企业社会责任行为与企业社会责任形象的关系，而在利己归因下，善因匹配程度对企业社会责任行为与企业社会责任形象关系的影响趋于消失。因而，企业在塑造企业社会责任形象的企图当中应关注消费者对企业的信任，努力提高他们的信任并在企业社会责任行为中尽力选择与自身相匹配的企业社会责任善因。

第 7 章　结论与展望

7.1　研究结论

企业的企业社会责任状况已经被多学科的学术研究关注并已有大量文献资料。中国社会科学院经济学部企业社会责任研究中心编著的 2015 年《企业社会责任蓝皮书》评价了我国国企 100 强、民企 100 强和外企 100 强共 300 家企业的社会责任管理现状和社会责任信息披露水平。该研究主要有五点发现：第一，中国企业社会责任发展指数整体仍处于旁观阶段，真正落实的企业为数颇少；第二，对于中国企业来说，责任实践领先于责任管理，市场责任指数好于环境责任和社会责任；第三，个别行业的企业处于社会责任领先阶段，而其他多半行业则处于旁观阶段；第四，总体而言，国有企业的社会责任指数领先于民营企业和外资企业；第五，欧洲、美国、日本在华企业的社会责任指数好于中国台湾、韩国和亚洲其他国家的在华企业。[①] 这种状况表明，我国企业社会责任管理水平

① 参见 http：//finance.sina.com.cn/leadership/mroll/20101217/16019125167.shtml.

远远落后于西方发达国家。

然而，企业社会责任随着经济与社会的发展必然会越来越多地被企业界所重视。本书假设企业已经普遍接受应当履行企业社会责任的观点，有部分企业甚至将企业社会责任作为自身发展战略的一部分，试图通过从事企业社会责任行为获得商业回报。为了更好地设定本书的研究边界，本书涉及的企业主要是指生产和提供私人物品的企业，而非提供公共产品的企业。尽管企业履行社会责任对企业和社会都会产生相应的影响，但是本书只关注企业的企业社会责任行为对消费者响应的影响以及对企业的影响。在中国，对于企业是否应该承担企业社会责任这一议题还存在一定的争议，但是本书假定中国境内众多生产和提供私人物品的企业已经在从事企业社会责任活动，并且会有越来越多的企业加入到这一行列。最后，与前人研究企业社会责任不同的是，本书主要是基于消费者视角来考察企业社会责任行为对企业的影响。

本书的主要结论如下：

第一，企业通过从事企业社会责任行为在消费者心中形成良好的企业社会责任形象，这种企业社会责任形象的形成有利于企业从消费者那里获得交易型收益和关系型收益，尤其是关系型收益。消费者对该企业留下的企业社会责任形象越积极，那么其对该企业的产品或服务的购买意向越强烈；对该企业的忠诚度越高，对该企业的力推行为也越积极。这种巨大的商业回报逐渐成为驱动企业从事企业社会责任的力量源泉。

第二，企业在消费者心中的企业社会责任形象会直接影响消费者的购买意向、忠诚度和力推行为，也会通过影响消费者—企业认同来间接地影响消费者的购买意向、忠诚度和力推行为。消费者—企业认同对企业社会责任形象与购买意向之间的关系起着完全中介作用，对企业社会责任形象与消费者忠诚度之间的关系起着部分中介作用，对企业社会责任形象与消费者力推行为之间的关系也起着部分中介作用。

第三，企业从事企业社会责任行为后，并不一定能够有效地在消费者心中形成有利的企业社会责任形象。这一机制受到消费者对企业的信任的影响。实证研究结果显示，消费者的信任对企业社会责任行为与消费者心目中的企业社会责任形象之间的关系具有正向的调节作用，即当消费者越信任企业时，该企业在从事企业社会责任行为后，能够在消费者心中形成越积极的企业社会责任形象；反之，当消费者不信任企业时，该企业在从事企业社会责任行为后，会在消费者心中形成更加负面的企业社会责任形象。因此，企业不能妄图通过从事企业社会责任行为来掩盖之前的“不良行为”，必须正视问题，切实解决问题，从而增强消费者对企业的信任。

第四，企业通过从事企业社会责任的行为，来形成消费者的企业社会责任形象过程还受到善因匹配的调节作用。即当企业从事企业社会责任行为的善因匹配程度越高时，在消费者心中可以形成越积极的企业社会责任形象，而当企业从事企业社会责任行为的善因匹配程度低时，企业试图在消费者心中形成积极企业社会责任形象的预期将受到抑制。

第五，企业履行社会责任行为的善因匹配程度对企业社会责任行为与消费者心中的企业社会责任形象关系的影响还受到消费者归因的制约。倘若消费者对企业的企业社会责任行为进行利他归因，那么善因匹配程度对企业社会责任行为与消费者心中的企业社会责任形象关系的正向调节作用得到加强；倘若消费者对企业的企业社会责任行为进行利己归因，那么善因匹配程度对企业社会责任行为与企业社会责任形象关系的调节作用甚至几乎消失。这说明消费者对企业从事企业社会责任的归因在企业社会责任行为形成良好企业社会责任形象的过程当中扮演着非常重要的角色，也从另一个角度进一步说明了无论消费者进行利己归因还是利他归因，企业最好还是选择与自身相匹配的社会问题来履行企业社会责任，这种做法有利于在消费者心中形成好的企业社会责任形象。

第六，企业通过从事企业社会责任活动来向消费者揭示自身的本质，企业不仅可以获得消费者的有利态度和行为（例如购买、应聘或投资），而且从长期来看，还能建立公司或品牌形象，增强消费者和企业的关系，增强消费者对企业的力推行为（例如口碑）。但是在实际操作当中，消费者对企业从事企业社会责任活动的低知觉以及质疑，却成为企业试图从企业社会责任的履行中获得最大化商业利益的关键障碍。

第七，企业社会责任宣传对于企业将企业社会责任作为整体战略一部分的规划至关重要，同时也是一个非常复杂的问题。尽管消费者声称他们希望了解企业对社会的良好行为，但是他们又容易在企业提升企业社会责任形象的努力中变得很狡黠，甚至质疑企业的动机。企业社会责任宣传工作非常容易让消费者对此产生对抗性力量。因此，企业需要关注企业社会责任宣传问题，尤其是宣传内容和宣传途径两方面。在宣传内容方面，企业应当在宣传中关注从事企业社会责任行为的社会问题本身，强调企业的企业社会责任行为在善因上的投入，着重企业社会责任行为对社会问题带来的影响以及着眼于企业社会责任的动机。在宣传途径方面，在消费者眼中，企业社会责任报告、企业官方网站社会责任板块等企业可控传播渠道，在发布的企业社会责任信息的可信度不如公众媒体、权威的独立期刊、网络社区等企业可控度低的渠道，因此，企业应当在企业社会责任信息的可信度与传播渠道的可控度之间进行平衡。

7.2 理论贡献

本书从现实中企业从事企业社会责任行为后获得的市场响应和消费者响应出发，试图揭示企业从事企业社会责任行为在消费者那里形成良好的企业社会责任形象后能够得到的交易型收益和关系型收益，并试图解释为何企业在从事企业社会责任行为后未必能够取得预期的效果。接着，笔者阅读了大量企业社会责任领域和营销领域的相关文献，从中透析出能够对研究问题进行解构的研究变量，在此基础上提出本书的研究模型和研究假设。本书一共提出 11 个待检验假设。结合已有文献资料和讨论，本书运用问卷调查的方式向消费者发放调查问卷收集数据。统计分析方法对数据进行处理的结果表明，11 个待检验假设均得到数据的支持。

本研究的理论贡献主要有以下几点：

第一，对于企业从事企业社会责任是否能够增加企业绩效的问题，理论界一直存在相应的争论。本书撇开大而全的企业绩效，而选取消费者响应这一更为直接的结果作为因变量。本书从消费者响应的视角去探索和讨论企业究竟该如何从事企业社会责任行为。本书以交易型和关系型两方面的消费者响应作为企业从事企业社会责任的结果变量，并揭示消费者—企业认同在企业社会责任形象与消费者响应关系中的影响。尽管此前有些文献开始以消费者响应作为结果变量去探讨企业社会责任的效果，但是将消费者响应划分为交易型结果和关系型结果进行的研究还非常鲜见（Du et al.，2007）。本书将此作为研究重点之一，从理论框架上进一步拓展了这类研究并应用实证方法对此加以支持。

第二，企业从事企业社会责任行为后，未必就能形成良好的企业社会责任形象，众多研究者试图揭示消费者的这一心理机制。本书对于这一机制主要探讨了消费者对企业的信任和企业从事企业社会责任选择的善因与自身的匹配程度对企业社会责任行为与企业社会责任形象之间关系的影响。消费者对企业的信任在一些研究当中被认为是企业从事企业社会责任行为后的内在结果（Du et al.，2010）。从逻辑上推理，因为企业履行了企业社会责任而获得消费者的好感（包括信任）是说得通的。但是就企业从事企业社会责任这一行为本身而言，消费者对企业的信任又可以成为左右企业社会责任行为效果的重要因素。在现有相关文献当中少有文献对信任这一因素在该心理机制中的影响进行过深入剖析，多数只是寥寥数语。事实上，信任是一个非常重要的影响因素。本书的实证研究结果显示，信任对企业社会责任行为与企业社会责任形象的关系具有正向的调节作用，即对于消费者越信任的企业，其从事企业社会责任行为后越可以形成对企业有利的企业社会责任形象；而对于消费者不那么信任的企业，其从事企业社会责任行为后形成对企业有利企业社会责任形象的作用大为下降。

第三，善因问题在文献当中也多有涉及。例如 Ellen 等（2006）的研究中就考虑了公司与善因之间的匹配因素。Drumwright（1996）发现公司与善因之间的匹配程度高时，经理们不得不担忧来自消费者的冷嘲热讽。Fein（1996）则认为公司与善因两者之间较为匹配的话更不会引发消费者的质疑，因为他认为既然企业不会违背初衷地去行动，那么当企业明明白白地表达初衷时，消费者就会更加相信企业从事企业社会责任的诚意，从而增加好感度。Becker-Olsen 等（2006）的研究发现，低匹配的企业社会责任努力会消极影响消费者对企业持有的理念、态度和购买意向。从这些研究来看，对于善因匹配问题，各家观点莫衷一是。本书通过向银行业客户发放问卷收集数据并进行统计分析，结果显示善因匹配正向调节企业社会责任行为与企业社会责任形象的关系，即企业在从事企业社会责任行为时选择与自身匹配度高的善因更为有效。本书为该领域在善因匹配问题上的争论增添了新的证据。

第四，在相关文献当中针对消费者归因有一定的阐述（Du et al.，2007；Ellen et al.，2006）。Du 等（2007）在讨论企业社会责任战略定位的企业较传统的企业能力定位的企业在交易型收益和关系型收益方面的差异时，认为与定位于企业能力的企业相比，实施企业社会责任战略定位的企业从事企业社会责任活动后会从消费者那里获得更高的内在归因（即利他归因）以及更低的外在归因（即利己归因）。Ellen、Webb 和 Mohr（2006）的研究则表明一家品牌的企业社会责任行为既可以归因为内在动机，也可以是外在动机。他们开发出包括避税、建立客户忠诚、获得更多客户等利己归因和包括确实想帮助社会、亏欠社区并希望补偿等利他归因以及双赢归因的开放性问卷，然后发放考察消费者对此问题的感知和判断，并且将归因作为消费者在看待企业社会责任积极行动时的中介因素。归因在消费者处理企业社会责任信息过程中究竟扮演中介角色还是调节角色，研究者对此难有定论。

本书结合善因匹配这一因素的调节作用来考察归因在此过程中的影响，发现善因匹配对企业社会责任行为与企业社会责任形象关系的调节作用还受到消费者归因的影响。当消费者对企业从事企业社会责任行为进行利他归因时，企业选择匹配程度高的善因从事企业社会责任行为能更有效地树立积极的企业社会责任形象；而当消费者进行利己归因时，无论企业选择匹配程度高还是匹配程度低的善因从事企业社会责任，几乎没有什么区别。过往研究将它直接作为调节变量的做法显得有些粗略，这也就造成了既有学者认为利己归因更有利于企业，又有学者认为利他归因更有利于企业，以及出现认为消费者感知到这两种归因会更有利于企业的观点（Ellen et al.，2006）。本书得出的结论进一步厘清了归因的作用。事实上，消费者究竟对企业从事企业社会责任行为做出利己归因还是利他归因抑或兼而有之，这并非企业可控。这也从另一个角度说明了，对于归因的作用，研究者会得出不一样的结论也就在情理之中。毕竟“一样米养百样人”，个体差异会导致人们对同样的事件做出不同的判断。与其笼统地讨论利他归因有利还是利己归因有利，不如结合企业可控因素（如善因匹配）来讨论在既定归因条件下可控因素的影响。本书就是通过考察归因、善因匹配和企业社会责任行为的三维交互对消费者心中对于某企业持有的企业社会责任形象的影响，得出一个非常重要的结论——就是无论消费者进行利他归因还是利己归因，企业在从事企业社会责任行为时选择与自身匹配程度高的善因是最为明智的选择。这一发现对于拨开研究者在善因匹配问题上的迷雾也颇有裨益。

7.3　管理启示

企业社会责任管理在我国发展水平还不高，但是随着消费者企业社会责任认知水平的提高和市场的逐渐成熟，企业社会责任将成为企业大有作为的战略领域。本书摆脱了拘泥于企业是否要从事企业社会责任的讨论，而从更加深入的层次探讨了企业应当如何从事企业社会责任的问题。更确切地说，是企业怎样从事企业社会责任行为才能够获得市场的掌声，进而获得商业回报。本书的研究结论对于企业在企业社会责任领域的实践具有重要的指导意义。概括起来，本书可以给出如下四点管理启示和建议：

第一，企业应当积极履行企业社会责任，并将企业社会责任纳入自身管理体系。根据中国社会科学院发布的 2015 年《企业社会责任蓝皮书》来看，国有企业的企业社会责任水平高于外资企业和民营企业。反思这种现象不难发现，国有企业自愿履行企业社会责任水平的意愿不一定比外资企业和民营企业高，在很大程度上可能是由于国有企业面对着有关机构的强大压力，所以才会更加积极地去从事企业社会责任行为。为了推动企业履行企业社会责任，实现企业与社会、环境的全面可持续发展，国有资产监督管理委员会向各家中央企业颁发了《关于中央企业履行社会责任的指导意见》。从某种意义上来说，也正是由于这种外在压力迫使企业承担企业社会责任，导致了我国企业社会责任实践先于企业社会责任管理的现状。绝大多数的中国企业以及在华外资企业都未能将企业社会责任真正融入自身的管理体系。究其内在原因，就在于企业没有认可企业社会责任在提高其经济效益方面发挥作用的合理性。尽管有众多研究在探索企业社会责任与企业绩效之间的关系，但是研究结论也是各说各话，未能达成共识，对企业难有说服力。

本书从消费者响应的视角去剖析企业社会责任赋予企业获得商业回报的路径，认为企业通过从事企业社会责任行为在消费者心中刻画良好的企业社会责任形象，进而就能得到交易型收益和关系型收益。企业社会责任的巨大魅力不在于提高企业的短期绩效，而在于让企业能够获得长期的关系型收益，包括客户忠诚度和客户力推行为。对于瞬息万变的市场而言，拥有高的客户忠诚度无疑是企业赢得竞争的神兵利器。客户力推行为不仅为企业带来良好的口碑，而且还赋予企业缓解和抵御突发危机的能力，为企业披上一件“五彩霞衣”。王老吉品牌在继加多宝集团“汶川大地震”慷慨解囊的义举后遭遇“夏枯草危机”。从事发之后市场对王老吉品牌的反应来看，王老吉能够“有惊无险”，除了采取不断增加正面信息并引导传统媒体倾向的对策之外，还一定程度上得益于王老吉一直以来在企业社会责任方面的作为。此外，企业社会责任形象之所以能够给企业带来交易型收益和关系型收益，很大程度上是因为消费者—企业认同在其中扮演了重要的中介作用。消费者—企业认同可以有效地增加企业的品牌资产。Aaker（1996）提出关注组织要素的组织认同是构成品牌认同的四大方面之一。组织越具备引人入胜的要素，就越能够引发富有意义的联想，进而大大增加品牌资产。[①] 因此，企业应当积极履行企业社会责任，尽力在消费者心中树立良好的企业社会责任形象，使得企业社会责任行为成为自己的习惯性行为，增加企业的知名度和美誉度。

第二，企业必须切实提高消费者对企业的信任。很多企业经常陷入一个误区，即认为只要企业从事了企业社会责任行为，消费者就会对其表示善意。事实上，在这个事情上，消费者并非如此简单地处理企业的企业社会责任信息。企业过往的行为给消费者留下的印象会影响消费者的判断。由于信息不对称现象的存在，一些消费者总是愿意根据企业以往的作风来对企业从事社会责任行为加以评判。本书的结论告诉企业，信任在消费者处理企业社会责任信息的过程中起着重要的作用。对于消费者越信任的企业，其从事企业社会责任行为后越能够获得积极的消费者响应；消费者不那么信任的企业，其从事企业社会责任行为后获得积极消费者响应的可能性就大为下降。

第三，企业在从事企业社会责任行为应当选择与自身匹配度高的善因。当下，很多企业在从事企业社会责任行为时只是盲目跟风，没有真正去思考究竟该如何从事企业社会责任行为，以为向希望工程捐点款就是履行企业社会责任了。这种敷衍了事的态度只会误了企业。消费者虽有感性的一面，但更多时候是挑剔的、理性的。毕竟，企业社会责任内涵是非常丰富的，不仅捐赠慈善是在履行企业社会责任，对客户负责、对员工负责等都是企业社会责任的范畴。以商业银行为例，对于大部分银行客户而言，银行提供方便快捷的金融服务会比捐赠让他们更有银行在从事企业社会责任行为的感知。银行网点排队现象严重，到银行办理业务经常会因为排队而耗费大量时间，引来客户不少的抱怨。银行若是能够在这些与客户利益密切相关的方面投入资源解决问题，给客户带来切实的实惠，必然能够大大提升自身的企业社会责任形象。例如，石油企业要履行企业社会责任，把资源投入到提高能源利用率和防治污染上远比试图去解决其他社会问题更能获得消费者的认可。BP 公司在墨西哥湾漏油事件中的表现不免让人唏嘘。起初，

① Aaker D. A. Building Strong Brands. New York：The Free Press，1996.

事件发生后，BP公司想到的不是立刻集中财力、物力去堵住漏洞、清理漏油污染等，而是将钱花在广告宣传向公众承认错误上。BP公司的这一做法遭到包括美国总统奥巴马在内的多方人士的批评。再如矿产企业在采取企业社会责任行动时，选择积极处理矿产废渣、配合综合治理和利用更为妥当。说到底，企业社会责任就是要求企业各司其职，把自己的本职工作做好，再以积极的姿态从事公益慈善事业。不顾企业的本职任务而去空谈企业社会责任的做法没有意义。本书的结论表明，无论企业面对的是对其利己归因还是利他归因的消费者，企业选择与自身匹配度高的善因进行企业社会责任投入都是最优选择。

第四，企业在积极履行社会责任的同时还应重视企业社会责任宣传。既然企业诚心从事了企业社会责任行为，做好企业社会责任宣传既能给企业树立良好的企业社会责任形象，同时又能给其他企业做出表率，引领全社会企业社会责任水平的提高。企业在进行企业社会责任宣传时应当注意宣传内容和宣传渠道的选择。不同的宣传内容以及不同的宣传渠道最后形成的宣传效果是不一样的。总体说来，企业在进行企业社会责任宣传时，可以侧重于强调企业社会责任问题本身、企业的企业社会责任行为对该社会问题的改善、企业的具体投入以及动机，在宣传渠道的选择上也要注意在渠道给受众带来的可靠性和企业对信息的可控性之间做出适当的权衡。

7.4 局限性及未来研究方向

由于知识结构及研究条件的限制，本书也存在一定的局限性。

首先，企业社会责任的测量问题。在企业社会责任研究领域，涉及对企业社会责任进行测量，通常就是一个棘手的问题。企业社会责任的内涵和外延都比较宽泛。一些研究以《财富》企业声誉评级、Moskowitz 社会责任等级和 KLD 指数等对企业的企业社会责任水平进行度量（Waddock & Graves，1997）。而在一些较为微观的研究当中，则通常以企业某一项或几项企业社会责任行为来涵盖企业的企业社会责任（Lichtenstein et al.，2004）。本书采用的是第二类研究的处理办法，在考察了中国多家商业银行的企业社会责任实践基础上，选择了 5 项典型的企业社会责任行为，通过消费者评价其经常使用的银行在这 5 种企业社会责任行为上的表现来测量银行的企业社会责任行为。这种测量虽说已有先例，但是毕竟还是难以全面地去测量企业社会责任行为。未来研究应该在企业社会责任测量方面继续发掘更为科学、客观的测量办法，以保障研究结论的可靠性。

其次，研究的层次问题。企业社会责任行为属于企业层次的研究变量，而消费者心中的企业社会责任形象则是个体层次的研究变量。然而，本书之所以将企业社会责任行为处理为个体层次变量，是因为笔者认为尽管企业社会责任行为是唯一的客观现实，但是消费者感知到的却不尽相同，好比“一千个人心中就有一千个哈姆雷特”。对待一个事物的看法往往是仁者见仁、智者见智。本书的目的在于撇除消费者的个体差异因素，而去探讨企业的可控因素（如善因匹配、积累信任）对消费者处理企业社会责任信息过程的影响，为此将消费者感知到的企业社会责任行为作为研究模型中企业社会责任行为的可操作化处理，以便将研究层次统一在消费者个体层次上。未来研究可以考虑建立第三方客观评价体系，即采用第三方机构发布的企业社会责任指数来测量企业在企业社会责任行为，并通过构建多层线性模型的方法来规避研究层次问题给研究带来的障碍。

再次，外部有效性问题。本书主要采用文献研究法和实证研究方法，在实证研究当中选取中国银行业作为被调查行业。之所以选择银行业，一是由于该行业与消费者密切相关；二是考虑到尽可能排除企业社会责任以外因素对结果变量的影响。银行业向消费者提供的产品和服务差异性很小，而产品和服务的差异性恰恰是影响结果方差变异的重要因素。但是，只选择一个行业得到的数据来进行实证分析，难免会对研究结论的普适性有一定影响。因此，未来研究应在行业上加以拓展，多从一些行业收集数据，并试图考察行业因素对企业社会责任行为实施效果的影响。

最后，样本量问题。本书在实证研究部分发放了 360 份问卷，但只有 249 份有效问卷。尽管样本量符合回归分析对样本量的要求，但是总体而言，如果有更大的样本容量将能够更好地确保研究结论的可靠性。同时，本书的数据来源于2010~2011 年发放的问卷。在未来的研究当中，应创造条件收集更多的有效问卷，获得更大的样本容量进行实证分析。

附录　调查问卷

尊敬的女士/先生：

您好！非常感谢您在百忙之中填写这份问卷。本问卷采用匿名的方式，问题的答案没有对错之分，您填写的内容仅供学术研究，原始材料不对外公开，请您放心填写。

请您仔细阅读问卷中的每个问题，并选择一个您认为最接近您看法的答案。

谢谢您的支持与合作！祝您的事业蒸蒸日上！

中国人民大学商学院

第一部分　问卷题项

1. 品牌选择：

您最近使用的是哪家银行的金融服务（ATM 机存取款除外）____________

您经常使用的是哪家银行的金融服务（ATM 机存取款除外）____________

以下各题项都是针对您经常使用的这家银行，请在您认为最能表达您看法的选项上画“√”。

2. 您之所以经常使用该银行的金融服务是因为该银行具有品牌优势：

（1）非常不同意　　（2）不同意　　（3）很难说

（4）同意　　（5）非常同意

3. 您之所以经常使用该银行的金融服务是因为该银行产品创新和业务创新的能力强：

（1）非常不同意　　（2）不同意　　（3）很难说

（4）同意　　（5）非常同意

4. 您经常使用的这家银行从事企业社会责任活动的积极程度：

（1）非常不积极　　（2）不积极　　（3）很难说

（4）积极　　（5）非常积极

5. 总体而言，您认为经常使用的这家银行在企业社会责任方面投入挺多（包括持续投入的时间期限和资源投入量）：

（1）非常不同意　　（2）不同意　　（3）很难说

（4）同意　　（5）非常同意

6. 据您所知，该银行主要开展下列哪些企业社会责任活动（可以多选）？

（1）绿色信贷　　（2）小额信贷

（3）建设绿色银行　　（4）社区公益服务

（5）支持环保　　（6）注重风险管理和内部控制

（7）热心慈善事业（扶贫、救灾、教育）

（8）关注顾客　　（9）其他________

7. 您认为该银行在上题所列企业社会责任活动中表现最突出的是哪项？

（1）绿色信贷　　（2）小额信贷

（3）建设绿色银行　　（4）社区公益服务

（5）支持环保　　（6）注重风险管理和内部控制

（7）热心慈善事业（扶贫、救灾、教育）

（8）关注顾客　　（9）其他________

原因____

8. 您是否关心该银行从事的社会责任活动所针对的社会问题：

（1）是　　（2）否

9. 您通过何种渠道了解该银行的企业社会责任动向：

(1) 银行发布的企业社会责任报告　　(2) 银行网站

(3) 广告　　(4) 媒体报道

(5) 口碑　　(6) 其他出版发行物

(7) 其他__________

以下问题均针对您经常使用的银行，请在您认为最能表达您对各题项同意程度的数字上画“√”。

题项	非常不同意	不同意	很难说	同意	非常同意
10. 购买意向					
(1) 在选择金融服务时，该银行是我的首选	1	2	3	4	5
(2) 未来，我会更多地购买该银行的产品或使用该银行的服务	1	2	3	4	5
11. 忠诚度					
(1) 我对这家银行很忠诚	1	2	3	4	5
(2) 当有需求且能力许可时，我会毫不犹豫地选择该银行的产品	1	2	3	4	5
12. 力推行为					
(1) 我很愿意尝试该银行推出的新产品、新服务	1	2	3	4	5
(2) 我经常向家人或朋友说该银行的好话	1	2	3	4	5
13. 认同					
(1) 如果媒体批评该银行，我也会觉得难堪	1	2	3	4	5
(2) 当别人赞扬该银行时，我会觉得就像在赞美我一样	1	2	3	4	5
(3) 该银行的成功就是我的成功	1	2	3	4	5
(4) 当我谈论该银行的时候总是使用“我们”而不是“他们”	1	2	3	4	5
14. 企业社会责任行为					
(1) 该银行支持有困难的群众和儿童	1	2	3	4	5
(2) 该银行积极响应低碳经济的政策	1	2	3	4	5
(3) 该银行热心公益和慈善事业	1	2	3	4	5
(4) 该银行支持环保	1	2	3	4	5
(5) 该银行力求建设绿色银行	1	2	3	4	5
15. 匹配程度					
总体上，我认为该银行的企业社会责任活动与其主营业务是有联系的	1	2	3	4	5

续表

题项	非常不同意	不同意	很难说	同意	非常同意
16. 企业社会责任形象					
(1) 该银行的社会责任活动使其与众不同	1	2	3	4	5
(2) 该银行努力把社会责任付诸实践	1	2	3	4	5
17. 服务质量					
(1) 该银行营业网点的服务方便快捷	1	2	3	4	5
(2) 该银行员工具备胜任工作的知识和技能	1	2	3	4	5
(3) 该银行员工在工作中专业而且乐于奉献	1	2	3	4	5
18. 企业社会责任归因					
(1) 该银行因关注社会而从事社会责任活动	1	2	3	4	5
(2) 该银行出于道德觉得应该这么做	1	2	3	4	5
(3) 该银行希望借此吸引更多的新客户	1	2	3	4	5
(4) 该银行希望借此增加盈利	1	2	3	4	5
(5) 该银行富有仁爱之心	1	2	3	4	5
(6) 该银行希望借此来影响人们对它的看法	1	2	3	4	5
19. 信任					
(1) 该银行足以胜任它所从事的商业活动	1	2	3	4	5
(2) 该银行是值得信赖的	1	2	3	4	5
(3) 该银行对顾客是负责任的	1	2	3	4	5
(4) 当我遇到问题时，该银行会以理解的态度来给予回应	1	2	3	4	5
20. 承诺					
(1) 我不觉得我对该银行有一种归属感	1	2	3	4	5
(2) 即使我想现在就取消该银行提供的服务，但真正要痛下决心还有些为难	1	2	3	4	5
(3) 该银行值得我忠诚于它	1	2	3	4	5
(4) 如果要我今后使用其他银行的服务，我也不会有什么损失	1	2	3	4	5
(5) 总觉得对该银行有承诺，所以不能马上抛弃该银行的服务	1	2	3	4	5
21. 满意					
(1) 总体而言，根据我与该银行接触的经历，我是满意的	1	2	3	4	5
(2) 我愿意继续购买和使用该银行的产品和服务	1	2	3	4	5
(3) 我对该银行在我这样的客户身上所做的努力感到高兴	1	2	3	4	5
22. 企业声誉					
(1) 我认为该银行在业界享有不错的声誉	1	2	3	4	5
(2) 这是一家成功的银行	1	2	3	4	5
(3) 这家银行信誉卓著	1	2	3	4	5

第二部分　基本信息

1. 您的性别：

(1) 男　　(2) 女

2. 您的年龄：

(1) 30 岁及以下　　(2) 31~40 岁　　(3) 41~50 岁

(4) 51~60 岁　　(5) 大于 60 岁

3. 您的受教育程度（包括在读）：

(1) 高中及以下　　(2) 大专　　(3) 本科

(4) 硕士　　(5) 博士

4. 您的月收入：

(1) 2000 元以下　　(2) 2001~6000 元

(3) 6001~10000 元　　(4) 10000 元以上

本问卷到此结束，非常感谢您的参与！确认无漏答题项后，请将问卷交回。

参考文献

[1] Aaker D. A. Measuring Brand Equity across Product and Markets. California Management Review, 1996, 38 (3).

[2] Aaker D. A. Building Strong Brands. New York: The Free Press, 1996.

[3] Ackerman R. W. and Bauer R. M. Corporate Social Responsiveness. Reston, VA: Reston Publishing, Inc., 1976.

[4] Ackerman R. W. The Social Challenge to Business. Cambridge, MA: Harvard University Press, 1975.

[5] Andrew L. Friedman and Samantha Miles, Developing Stakeholders Theory. Journal of Management Studies, 2002, 39 (1).

[6] Anderson J. C. and Frankle A. W. Voluntary Social Reporting: An Iso-beta Portfolio Analysis. The Accounting Review, 1980, 55 (3).

[7] Anderson J. C. and Gerbing D. W. Structural Equation Modeling in Practice: A Review and Recommended Two -Step Approach. Psychological Bulletin, 1988 (103).

[8] Andreasen Alan R. Social Marketing: Its Definition and Domain. Journal of Public Policy and Marketing, 1994, 13 (1).

[9] Argyris C. Understanding Organizational Behavior. London: Tavistock Publi-

cations, 1960.

[10] Ashforth Blake E. and Fred Mael. Social Identity Theory and the Organization. Academy of Management Review, 1989, 14 (1).

[11] Baloglu and Brinberg. Affective Images of Tourism Destination. Journal of Travel Research, 1997, 35 (4).

[12] Barich Howard and Philip Kotler. A Framework for Marketing Image Management. Sloan Management Review, 1991 (32).

[13] Baron Reuben M. and David A. Kenny. The Moderator-Mediator Variable Distinction in Social Psychological Research: Conceptual, Strategic, and Statistical Considerations. Journal of Personality and Social Psychology, 1986 (51).

[14] Barone Michael J., Anthony D. Miyazaki and Kimberly A. Taylor. The Influence of Cause-related Marketing on Consumer Choice: Does One Good Turn Deserve Another? Journal of the Academy of the Marketing Science, 2000 (28).

[15] Batra R. and Ray M. L. Affective Responses Mediating Acceptance of Advertising. Journal of Consumer Research, 1986 (13).

[16] Beatty Randolph P. and Jay R. Ritter. Investment Banking, Reputation, and the Underpricing of Initial Public Offerings. Journal of Financial Economics, 1986 (15).

[17] Bergami M. and Bagozzi R. P. Self-categorization, Affective Commitment and Group Self-esteem as Distinct Aspects of Social Identity in the Organization. British Journal of Social Psychology, 2000, 39 (4).

[18] Berman Shawn L., Andrew C. Wicks, Suresh Kotha and Thomas M. Jones. Does Stakeholder Orientation Matter? The Relationship between Stakeholder Management Models and Firm Financial Performance. Academy of Management Journal, 1999, 42 (5).

[19] Bhattacharya C. B. and Sankar Sen. Doing Better at Doing Good: When, Why, and How Consumers Respond to Corporate Social Initiatives. California Man-

agement Review, 2004, 47 (1).

[20] Bhattacharya C. B. and Sankar Sen. Consumer-company Identification: A Framework for Understanding Consumers' Relationship with Companies. Journal of Marketing, 2003, 67 (2).

[21] Bhattacharya C. B., Hayagreeva Rao and Mary Ann Glynn. Understanding the Bond of Identification: An Investigation of its Correlates among Art Museum Members. Journal of Marketing, 1995, 59 (4).

[22] Biehal Gabriel J. and Daniel A. Sheinin. The Influence of Corporate Messages on the Product Portfolio. Journal of Marketing, 2007, 71.

[23] Blattberg R. C. and Subrata S. K. Market Segments and Stochastic Brand Choice Models. Journal of Marketing Research, 1976, 13 (1).

[24] Blau P. M. Exchange and Power in Social Life.New York: Wiley, 1964.

[25] Blodgett Jeffrey G., Long-chuan Lu, Gregory M. Rose and Scott J. Vitell. Ethical Sensitivity to Stakeholder Interests: A Cross-culture Comparison. Journal of the Academy of Marketing Science, 2001, 29 (2).

[26] Bloemer De Ruyter and Peeters. Investigating Drivers of Bank Loyalty. International Journal of Bank Marketing, 1998 (16).

[27] Bloemer and Ruyter. On the Relationship between Store Image, Store Satisfaction and Store Loyalty. European Journal of Marketing, 1998, 32 (5/6).

[28] Bloom P. N., Hoffler S., Keller K. L. and Meza C. How Social-cause Marketing Affects Consumer Perceptions. Sloan Management Review, 2006 (47).

[29] Bolger John F. Jr. How to Evaluate Your Company Image. Journal of Marketing, 1959, 24 (2).

[30] Bowen H. R. Social Responsibilities of the Businessman. New York: Harper & Row, 1953.

[31] Bradley R. Agla, Ronald K. Mitchell and Jeffrey A. Sonnenfeld. Who Matters to CEOs? An Investigation of Stakeholder Attributes and Salience, Corporate

Performance and CEO Values. Academy of Management Journal, 1999, 42 (5).

[32] Brown T. J., Dacin, P., Pratt M. G. and Whetten D. A. Identity, Intended Image, Construed Image, and Reputation: An Interdisciplinary Framework and Suggested Terminology. Journal of the Academy of Marketing Science, 2006, 34 (2).

[33] Brown T. J. and Dacin P. The Company and the Product: Corporate Associations and Consumer Product Responses. Journal of Marketing, 1997, 61 (1).

[34] Brown B. Stock Market Evaluation of Reputation for Corporate Social Performance. Corporate Reputation Review, 1997 (1).

[35] Campbell M. D. and Kirmani A. Consumers' Use of Persuasion Knowledge: The Effects of Accessibility and Cognitive Capacity on Perceptions of an Influence Agent . Journal of Consumer Research, 2000, 27 (1).

[36] Carroll Archie B. The Pyramid of Corporate Social Responsibility: Toward the Moral Management of Organizational Stakeholders. Business Horizons, January 1991, 34 (4).

[37] Carroll Archie B. A Three-dimensional Conceptual Model of Corporate Performance. Academy of Management Review, 1979, 4 (4).

[38] Clarkson Max B. E. A Stakeholder Framework for Analyzing and Evaluating Corporate Social Performance. Academy of Management Review, 1995, 20 (1).

[39] Cone Carol L., Mark A. Feldman and Alison T. DaSilva. Causes and Effects. Harvard Business Review, 2003, 81.

[40] Dacin Peter A. and Tom J. Brown. Corporate Identify and Corporate Associations: A Framework for Future Research. Corporate Reputation Review, 2002, 5 (2/3).

[41] Davis, Keith and Robe, L. Blomstrom. Business and Society: Environment and Responsibility (3rd ed) . New York: McGraw Hill, 1975.

[42] Davis K. The Case for and against Business Assumption of Social Respon-

siblities. Academy of Management Journal, 1973 (1).

[43] Davis K. Can Business Afford to Ignore Social Responsibilities? California Management Review, 1960 (11).

[44] Dawkins J. Corporate Responsibility: The Communication Chanllenge. Journal of Communication Management, 2004, 9 (2).

[45] Deephouse, D. L. Media Reputation as A Strategic Resource: An Integration of Mass Communication and Resource-based Theories. Journal of Management. 2000, 26 (6).

[46] Diltz D. J. The Private Cost of Socially Responsible Investing. Applied Financial Economics, 1995 (5).

[47] Dowling G. W. Customer Relationship Management: In B2C Markets, Often Less is More. California Management Review, 2002, 44 (3).

[48] Donald R. Lichtenstein, Minette E. Drumwright and Bridgette M. Braig. The Effect of Corporate Social Responsibility on Customer Donations to Corporate-Supported Nonprofits. Journal of Marketing, 2004, 68 (4).

[49] Donaldson Thomas and Lee E. Preston. The Stakeholder Theory of the Corporation: Concepts, Evidence and Implications. Academy of Management Review, 1995, 20 (1).

[50] Drucker Peter. The New Meaning of Corporate Social Responsibility. California Management Review, 1984 (26).

[51] Drumwright Minette E. Company Advertising with a Social Dimension: The Role of Noneconomic Criteria. Journal of Marketing, 1996, 60 (4).

[52] Du Shuili, C. B. Bhattacharya and Sankar Sen. Maximizing Business Returns to Corporate Social Responsibility (CSR): The Role of CSR Communication. International Journal of Management Reviews, 2010 (8-19).

[53] Du Shuili, C. B. Bhattacharya and Sankar Sen. Reaping Relational Rewards from Corporate Social Responsibility: The Role of Competitive Positioning. In-

ternational Journal of Research in Marketing，2007 （24）.

[54] Dutton J. M.， Dukerich J. M. and Harquail C. V. Organizational Images and Member Identification. Administrative Science Quarterly，1994，39（2）.

[55] Eells R. and Walton C. C. Conceptual Foundations of Business （3rd ed.）. Ontario，Irwin-Dorsey Limited，1974.

[56] Ellen P. S.， Webb D. J. and Mohr L. A. Building Corporate Associations: Consumer attributionss for Corporate Socially Responsible Programs. Journal of the Academy of Marketing Science，2006，34（2）.

[57] Elsbach K. D. and C. B. Bhattacharya. Defining Who Yor are by What You're Not：A Study of Organizational Disidentification and the NRA. Organizational Science，2001，12（4）.

[58] Enis Ben M. An Analytical Approach to the Concept of Image. California Management Review，1967 （9）.

[59] Farrell D. Exit，Voice，Loyalty and Neglect as Responses to Job Dissatis faction：A Multidimensional Scaling Study. Academy of Management Journal，1983，26（4）.

[60] Fein Steven. Effects of Suspicion on Attributional Thinking and the Correspondent Bias. Journal of Personality and Social Psychology，1996，70（6）.

[61] Ferguson T. D.， Deephouse D. L. and Ferguson W. L. Do Strategic Groups Differ in Reputation? Strategic Management Journal，2000 （21）.

[62] Fogler H. R. and Nutt F. A Note on Social Responsibility and Stock Valuation. Academy of Management Journal，1975，18（1）.

[63] Folkes Valerie A. and Michael A. Kamins. Effects of Information about Firms' Ethical and Unethical Actions on Consumers' Attitudes. Journal of Consumer Psychology，1999，8（3）.

[64] Fombrun C. J.， N. A. Gardberg and J. Sever. The Reputation Quotient：A Multi-Stakeholder Measure of Corporate Reputation. Journal of Brand Management，

2000, 7 (4).

[65] Fombrun Charles J. Reputation: Realizing Value from the Corporate Image. Boston: Harvard Business School Press, 1996.

[66] Fombrun C. and Shanley M. What's in a Name? Reputation Building and Corporate Strategy. Academy of Management Journal, 1990, 33 (2).

[67] Forehand M. R. and Gier S. When is Honesty the Best Policy? The Effects of Stated Company Intent on Consumer Skepticism. Journal of Consumer Psychology, 2003, 13 (3).

[68] Fornell C. and Larcker D. F. Evaluating Structural Equation Models with Unobserved Variables and Measurement Error. Journal of Marketing Research, 1981, 18 (3).

[69] Fournier S., Dobscha S. and Mick D. G. Preventing the Premeture Death of Relationship Marketing. Harvard Business Review, 1998 (76).

[70] Friedman M. The Social Responsibility of Business is to Increase Its Profits. New York Times Magazine, 1970 (13).

[71] Friestad M. and Wright P. The Persuasion Knowledge Model: How People Cope with Persuasion Attempts. Journal of Consumer Research, 1994, 21 (1).

[72] Frederick William. The Moral Authority of Transnational Corporate Codes. Journal of Business Ethics, 1991, 10 (30) .

[73] Freeman R. E., Strategic Management: A Stakeholder Approach, Pit-man, Boston, MA, 1984.

[74] Frooman Jeff. Stakeholder Influence Strategies. Academy of Management Review, 1999, 24 (2).

[75] Galaskiewicz J. An Urban Grants Economy Revisited: Corporate Charitable Contributions in the Twin Cities, 1979-1981, 1987-1989. Administrative Science Quarterly, 1997, 42 (3).

[76] Garrett Dennis E. The Effectiveness of Marketing Policy Boycotts: Envi-

ronmental Opposition to Marketing. Journal of Marketing, 1987, 51 (2).

[77] Goldberg Marvin E. and Jon Hartwick. The Effects of Advertiser Reputation and Extremity of Advertising Claim on Advertising Effectiveness. Journal of Consumer Research, 1990, 17 (2).

[78] Goolsby Jerry R. and Shelby D. Hunt. Cognitive Moral Development and Marketing. Journal of Marketing, 1992, 56 (1).

[79] Grewal Rajdeep and Ravi Dharwadkar. The Role of the Institutional Environment in Marketing Channels. Journal of Marketing, 2002, 66 (3).

[80] Griffin Jennifer J. Corporate Social Performance: Research Directions for the 21st Century. Business & Society, 2000, 39 (4).

[81] Griffin Ricky W. Management (6th ed). Boston: Houghton Mifflin Company, 1999.

[82] Guadagni P. M. and Little J. D. C. A Logit Model of Brand Choice Calibrated on Scanner Data. Marketing Science, 1983, 2 (3).

[83] Gwinner Kevin. A Model of Image Creation and Image Transfer in Event Sponsorship. International Marketing Review, 1997, 14 (3).

[84] Hair J. F. Jr, Black W. C., Babin B.J., Anderson R. E., and Tatham R. L. Multivariate Data Analysis (6 th ed.) Upper Saddle River, NJ: Prentic-Hall, 2006.

[85] Hall Richard. A Framework Linking Intangible Resources and Capabilities to Sustainable Competitive Advantage. Strategic Management Journal, 1993, 14(8).

[86] Handelman Jay M. and Stephen J. Amold. The Role of Marketing Actions with A Social Dimension: Appeals to the Institutional Environment. Journal of Marketing, 1999, 63 (3).

[87] Hardy Kenneth G. What Happened to Image? Business Quarterly, 1970(35).

[88] Harker Debra and Michael Harker. The Role of Codes of Conduct in the Advertising Self-regulation Framework. Journal of Macromarketing, 2000, 20 (2).

[89] Hean Tat Keh and Yi Xie. Corporate Reputation and Customer Behavior Intentions: The Roles of Trust, Identification and Commitment. Industrial Marketing Management, 2009 (38).

[90] Henriques Irene and Perry Sadorsky. The Relationship between Environmental Commitment and Managerial Perceptions of Stakeholder Importance. Academy of Management Journal, 1999, 42 (1).

[91] Hess David, Nikolai Rogovsky and Thomas W. Dunfee. The Next Wave of Corporate Community Involvement: Corporate Social Initiatives. California Management Review, 2002, 44 (2).

[92] Hill Charles W. L. and Thomas M. Jones. Stakeholder-agency Theory. Academy of Management Studies, 1992, 29 (2).

[93] Hill Edward W. Corporate Images are not Stereotypes. Journal of Marketing, 1962 (26).

[94] Hirschman Elizabath C. Humanistic Inquiry in Marketing Research: Philosophy, Method and Criteria. Journal of Marketing Research, 1986, 23 (3).

[95] Hoeffler Steven and Kevin Lane Keller. Building Brand Equity through Corporate Social Marketing. Journal of Public Policy and Marketing, 2002, 21 (1).

[96] Holmes John H. and Christopher J. Kilbane. Cause-related Marketing: Selected Effects of Price and Charitable Donations. Journal of Nonprofit and Public Sector Marketing, 1993, 1 (4).

[97] Holt Douglas B. Why Do Brand Cause Trouble? A Dialectical Theory of Consumer Culture and Branding. Journal of Consumer Research, 2002 (29).

[98] Hunt S. D. A Commentary on an Empirical Investigation of a Genenral Theory of Marketing Ethics. Journal of the Academy of Marketing Science, 1990, 18 (2).

[99] Johar Gita Venkataramani, Jaideep Sengupta and Jennifer L. Aaker. Two Roads to Updating Brand Personality Impressions: Trait versus Evaluative Inferencing.

Journal of Marketing Research, 2005 (42).

[100] Jones Thomas M. Instrumental Stakeholder Theory: A Synthesis of Ethics and Economics. Academy of Management Review, 1995, 20 (2).

[101] Joseph W. McGuire. Business and Society. New York: McGran Hill, 1963.

[102] Keaveney Susan M. and James E. Nelson. Coping with Organizational Role Stress: Intrinsic Motivational Orientation, Perceived Role Benefits, and Psychological Withdrawal. Journal of the Academy of Marketing Science, 1993, 21 (2).

[103] Keller K. Lane. Conceptualizing, Measuring, and Managing Customer-based Brand Equity. Journal of Marketing, 1993, 57 (1).

[104] Kennedy S. H. Nurturing Corporate Image. European Journal of Marketing, 1977, 11 (3).

[105] Klein J. and Niraj Dawar. Corporate Social Responsibility and Consumers' Attributions and Brand Evaluations in a Product-Harm Crisis. International Journal of Research in Marketing, 2004, 21 (3).

[106] Klein Jill Gabrielle, N. Craig Smith and Andrew John. Why We Boycott: Consumer Motivations for Boycott Participation. Journal of Marketing, 2004 (68).

[107] Kohli Ajay K. and Bernard J. Jaworski. Market Orientation: The Construct, Research Propositions and Managerial Implications. Journal of Marketing, 1990 (54).

[108] Kotler Philip. Marketing Management: Analysis, Planning, Implementation and Control. 7th ed., Englewood Cliffs, NJ: Prentice Hall, 1991.

[109] Kreps David M. and Robert Wilson. Reputation and Imperfect Information. Journal of Economic Theory, 1982, 27 (2).

[110] Laffety Barbara A. and Ronald E. Goldsmith. Corporate Credibility's Role in Consumers' Attitudes and Purchase Intentions When a High versus a Low Credibility Endorser is Used in the Ad. Journal of Business Research, 1999, 44(2).

[111] Lazer William. Marketing's Changing Social Relationships. Journal of Marketing, 1969 (33).

[112] Lee Angela Y. Effects of Implicit Memory on Memory-based versus Stimulus-based Brand Choice. Journal of Marketing Research, 2002 (39).

[113] Luce Rebecca A., Alison E. Barber and Amy J. Hillman. Good Deeds and Misdeeds: A Mediated Model of the Effect of Corporate Social Performance on Organizational Attractiveness. Business & Society, 2001, 40 (4).

[114] Luo X. and Bhattacharya C.B. Corporate Social Responsibility, Customer Satisfaction, and Market Value. Journal of Marketing, 2006, 70 (4).

[115] MacInnis D. J., Moorman C. and Jaworski B. J. Enhancing and Measuring Consumers' Motivation, Opportunity, and Ability to Process Brand Information from Ads. Journal of Marketing, 1991 (55).

[116] MacKenzie Scott B., Philip M. Podsakoff and Richard Fetter. The Impact of Organinzational Citizenship Behavior on Evaluations of Salesperson Performance. Journal of Marketing, 1993 (57).

[117] Mahajan V. and Wind Y. Got Emotional Product Positioning? Marketing Management, 2002, 11 (3).

[118] Maignan I. and Ferrell O. C. Corporate Social Responsibility and Marketing: An Integrative Framework. Journal of the Academy of Marketing Science, 2004, 32 (1).

[119] Maignan I. and Ralston D. A. Corporate Social Responsibility in Europe and the U.S.: Insight from Businesses' Self-presentation. Journal of International Business Studies, 2000, 33 (3).

[120] Maignan I. and Ferrell O. C. Measuring Corporate Citizenship in Two Countries: The Case of the United States and France. Journal of Business Ethics, 2000, 23 (3).

[121] Margolis Jushua D. and James P. Walsh. Misery Loves Companies: Re-

thinking Social Initiatives by Business. Administrative Science Quarterly, 2003, 48 (2).

[122] Matsuno Ken and John T. Mentzer. The Effects of Strategy Type on the Market Orientation–Performance Relationship. Journal of Marketing, 2000, 64 (4).

[123] McGuire Jean B., Thomas Schneeweis and Ben Branch. Perceptions of Firm Quality: A Cause or Result of Firm Performance. Journal of Management, 1990, 16 (1).

[124] McWilliams A., and D. Siegel. Corporate Social Responsibility: A Theory of the Firm Perspective. Academy of Management Review, 2001, 26 (1).

[125] Menon S. and Kahn B. E. Corporate Sponsorships of Philanthropic Activities: When Do They Impact Perception of Sponsor Brand? Journal of Consumer Psychology, 2003, 13 (3).

[126] Meyers Levy Joan and Brian Sternthal. A Two–Factor Explanation of Assimilation and Contract Effects. Journal of Marketing Research, 1993 (30).

[127] Michael E. Porter and Mark R. Kramer. Strategy and Society: The Link between Competitive Advantage and Corporate Social Responsibility. Harvard Business Review, 2006.

[128] Michael E. Porter and Mark R. Kramer. The Competitive Advantage of Corporate Philanthropy. Harvard Business Review, 2002.

[129] Mohr Lois A. and Deborah J. Webb. The Effects of Corporate Social Responsibility and Price on Consumer Responses. Journal of Consumer Affairs, 2005, 39 (1).

[130] Mohr Lois A. Corporate Social Responsibility: Competitive Disadvantage or Advantage? In Proceedings of the 1996 Marketing and Public Policy Conference, edited by Ronald Paul Hill and Charles Ray Taylor, Chicago: American Marketing Association, 1996.

[131] Morgan R. M. and Hunt S. D. The Commitment–trust Theory of Relation–

ship Marketing. Journal of Marketing, 1994, 58 (3).

[132] Moskowitz M. R. Choosing Socially Responsible Stocks. Business and Society Review, 1972 (72).

[133] Murray Keith B. and Christine M. Vogel. Using a Hierarchy of Effects Approach to Gauge the Effectiveness of Corporate Social Responsibility to Generate Goodwill toward the Firm: Financial versus Nonfinancial Impacts. Journal of Business Research, 1997, 38 (2).

[134] Nguyen N. and G. Leblanc. Corporate Image and Corporate Reputation in Customers' Retention Decision in Services. Journal of Retailing and Consumer Services, 2001, 8 (4).

[135] Oliver R. Satisfaction: A Behavioral Perspective of the Consumer. New York: McGraw-Hill, 1997.

[136] Oliver R. L. Whence Consumer Loyalty? Journal of Marketing, 1999, 63 (4).

[137] Pan Yue and George M. Zinkhan. Determinants of Retail Patronage: A Meta-Analytical Perspective. Journal of Retailing, 2006, 82 (3).

[138] Park C. Whan, Sandra Milberg and Robert Lawson. Evaluation of Brand Extensions: The Role of Product Feature Similarity and Brand Concept Consistency. Journal of Consumer Research, 1991, 18 (2).

[139] Park C. W., Jaworski B. J. and MacInnis D. J. Strategic Brand Concept—Image Management. Journal of Marketing, 1986, 50 (4).

[140] Pavlos A. Vlachos, Argiris Tsamakos, Adam P. Vrechopoulos and Panagiotis K. Avramidis. Corporate Social Responsibility: Attributions, Loylty and the Mediating Role of Trust. Journal of the Academy of Marketing Science, 2009 (37).

[141] Peloza J. Using Corporate Social Responsibility as Insurance for Financial Performance. California Management Review, 2006, 48 (2).

[142] Petkus Ed, Jr. and Robert B. Woodruff. A Model of the Socially Respon-

sible Decision-Making Process in Marketing: Linking Decision Makers and Stake-holders. In Proceedings of the Winter 1992 American Marketing Association, edited by Chris T. Allen et al., Chicago: American Marketing Association, 1992.

[143] Podsakoff P. M., MacKenzie S.B., Lee J. and Podsakoff N.P. Common Method Biases in Behavioral Research: A Critical Review of the Literature and Recommended Remedies. Journal of Applied Psychology, 2003, 88 (5).

[144] Podsakoff P. M. and Organ D. Self-reports in Organizational Research: Problems and Prospects. Journal of Management, 1986 (12).

[145] Rajeev Bhattacharya, Timothy M. Devinney and Madan M. Pillutla. A Formal Model of Trust Based on Outcomes. The Academy of Management Review, 1998, 23 (3).

[146] Rifon Nora J., Sejung Marina Choi, Carrie S. Trimble and Hairong Li. Congruence Effects in Sponsorship: The Mediating Role of Sponsor Credibility and Consumer Attributions of Sponsor Motive. Journal of Advertising, 2004, 33 (1).

[147] Ross John K., III Mary Ann Stutts and Larry Patterson. Consumer Perceptions of Organizations That Use Cause-related Marketing. Journal of the Academy of Marketing Science, 1992, 20 (1).

[148] Rousseau, D. M. New Hire Perception of Their Own and Their Employers Obligations: A Study of Psychological Contracts.Journal of Organizational Behavior, 1990, 11 (5).

[149] Rust R. T., Lemon K. N. and Zeithaml V. A. Return on Marketing: Using Customer Equity to Focus Marketing Strategy. Journal of Marketing, 2004, 68 (1).

[150] Saiia D. H., Carroll A. B. and Buchholtz A. K. Philanthropy as Strategy: When Corporate Charity "Begins at Home". Business & Society, 2003 (42).

[151] Salmones Ma, Angel Crespo and Ignacio Bosque. Influence of Corporate Social Responsibility on Loyalty and Valuation of Services. Journal of Business Ethics,

2005, 61 (4).

[152] Scherreik Susan. A Conscience Doesn't Have to Make you Poor. Business Week, 2000.

[153] Sen S., Bhattacharya C. B. and Korschun D. The Role of Corporate Social Responsibility in Strengthening Multiple Stakeholder Relationships: A Field Experiment. Journal of the Academy of Marketing Science, 2006, 34 (2).

[154] Sen S. and Bhattacharya C. B. Does Doing Good Always Lead to Doing Better? Consumer Reactions to Corporate Social Responsibility. Journal of Marketing Research, 2001, 38 (2).

[155] Sethi S. P. Dimensions of Corporate Social Performance: An Analytical Framework. California Management Review, 1975 (17).

[156] Shapiro Carl. Premiums for High Quality Products as Returns to Reputations. Quarterly Journal of Economics, 1983, 98 (4).

[157] Sharma S. Managerial Interpretations and Organizational Context as Predictors of Corporate Choice of Environmental Strategy. Academy of Management Journal, 2000, 43 (4).

[158] Sharma S. and Vredenburg H. Proactive Corporate Environmental Strategy and the Development of Competitively Valuable Organizational Capabilities. Strategic Management Journal, 1998, 19 (8).

[159] Simmons Carolyn J. and John G. Lynch Jr. Inference Effects without Inference Making? Effects of Missing Information on Discounting and Use of Presented Information. Journal of Consumer Research, 1991, 17 (4).

[160] Smith Dniel C. and Jonlee Andrews. Rethinking the Effect of Perceived Fit on Customers' Evaluations of New Products. Journal of the Academy of Marketing Science, 1995, 23 (1).

[161] Smith N. Craig. Corporate Social Responsibility: Whether or How? California Management Review, 2003 (45).

[162] Smith N. Craig. Marketing Stategies for the Ethics Era. Sloan Management Review, 1995, 36 (4).

[163] Smith Scott M. and David S. Alcorn. Cause Marketing: A New Direction in the Marketing of Social Responsibility. Journal of Consumer Marketing, 1991, 8 (3).

[164] Strahilevitz Michael and John G. Myer. Donations to Charity as Purchase Incentives: How Well They Work may Depend on What You are Trying to Sell. Journal of Consumer Research, 1998 (24).

[165] Swanson Diane L. Addressing a Theoretical Problem by Reorienting the Corporate Social Performance Model. Academy of Management Review, 1995, 20 (1).

[166] Tom J. Brown and Peter A. Dacin. The Company and the Product: Corporate Associations and Consumer Product Responses. Journal of Marketing, 1997, 61 (1).

[167] Tucker W. T. The Development of Brand Loyalty. Journal of Marketing Research, 1964 (1).

[168] Turban D. B. and D. W. Greening. Corporate Social Performance and Organizational Attractiveness to Prospective Employees. Academy of Management Journal, 1997, 40 (3).

[169] Turnley W. H. and Feldman D. C. The Impact of Psychological Contract Violation on Exit, Voice, Loyalty, and Neglect. Human Relations, 1999, 52 (7).

[170] Ulrich Dave and Norm Smallwood. Capitalizing on Capabilities. Harvard Business Review, 2004 (82).

[171] Van Marrewijk M. Concepts and Definitions of CSR and Corporate Sustainability: Between Agency and Communion. Journal of Business Ethics, 2003.

[172] Van Vugt M., Meertens R. and Van Lange P.A.M. Cars versus Public Transportation? The Role of Social Value Orientations in a Real-life Social Dilemma.

Journal of Applied Social Psychology, 1995 (25).

[173] Varadarajan, P. Rajan and Anil Menon. Cause-related Marketing: A Coalignment of Marketing Strategy and Corporate Philanthropy. Journal of Marketing, 1988, 52 (3).

[174] Wartick Steven L. and Philip L. Cochran. The Evolution of the Corporate Social Performance Model. Academy of Management Review, 1985, 10 (4).

[175] Webb, Deborah J. and Lois A. Mohr. A Typology of Consumer Responses to Cause-Related Marketing: From Skeptics to Socially Concerned. Journal of Public Policy and Marketing, 1998, 17 (2).

[176] Webster Frederick E., Jr. Determining the Characteristics of the Socially Conscious Consumer. Journal of Consumer Research, 1975 (2).

[177] Weigelt, K. and Camerer, C. Reputation and Corporate Strategy: A Review of Recent Theory and Application. Strategic Management Journal, 1988, 9(5).

[178] William C. Frederick. Corporate Social Responsibility in the Reagan Era and Beyond. California Management Review, 1983, 25 (3).

[179] Winters Lewis C. The Effect of Brand Advertising on Company Image: Implications for Corporate Advertising. Journal of Advertising Research, 1986 (26).

[180] Woddock Sandra A. and Samuel B. Graves. The Corporate Social Performance-Financial Performance Link. Strategic Management Journal, 1997, 18 (4).

[181] Wood Donna J. Corporate Social Performance Revisited. Academy of Management Review, 1991, 16 (4).

[182] Wood Michelle L. M. Rethinking the Inoculation Analogy: Effects on Subjects with Differing Preexisting Attitudes. Human Communication Research, 2007, 33 (3).

[183] Yoon Y., Gurhan-Canli Z. and Schwarz N. The Effect of Corporate Social Responsibility Actitivities on Companies with Bad Reputations. Journal of Consumer Psychology, 2006 (16).

[184] 蔡瑞林，陈万明. 企业社会责任研究：一个概念扩展模型. 管理现代化，2014（1）.

[185] 曹光明，江若尘，陈启杰. 企业联想、消费者—企业认同与消费者公民行为. 经济管理，2012（7）.

[186] 常亚平，阎俊，方琪. 企业社会责任行为、产品价格对消费者购买意愿的影响研究.管理学报，2008，5（1）.

[187] 陈宏辉，贾生华. 企业社会责任的演进与发展：基于综合性社会契约的理解.中国工业经济，2003，12（85~92）.

[188] 陈明亮. 客户忠诚决定因素实证研究. 管理科学学报，2003，6（5）.

[189] 陈明亮. 客户重复购买意向决定因素的实证研究. 科研管理，2003，24（1）.

[190] 陈佳贵，黄群慧，彭华岗，钟宏武等. 中国企业社会责任研究报告（2009）. 北京：社会科学文献出版社，2010.

[191] 陈迅，韩亚琴. 企业社会责任分级模型及其应用. 中国工业经济，2005（9）.

[192] 杜中臣. 企业的社会责任及其实现方式. 中国人民大学学报，2005（4）.

[193] 樊建锋，田志龙. 品牌与善因的匹配对善因营销的影响研究. 当代经济管理，2010，32（1）.

[194] 范秀成，刘建华. 顾客关系、信任与顾客对服务失败的反应. 南开管理评论，2004，7（6）.

[195] 何健，韩顺平，董伊人，冯慧，卞晨宇. 管理能力、关系收益与顾客资产的关系研究——对组织市场客户服务的实证分析. 南开管理评论，2010，13（5）.

[196] 何小洲，刘晖. 消费者的企业社会责任认知研究. 财经问题研究，2011（8）.

[197] 黄化锋，黄光跃，张新国. 论企业善因营销对消费者态度的影响. 中南

财经政法大学学报，2010（1）.

［198］黄敏学，谢亭亭，冯小亮. 矛盾的消费者是如何解读多元化口碑信息的？心理学报，2010，42（10）.

［199］姜丽群. 国外企业社会责任缺失研究述评.外国经济与管理，2014，36（2）.

［200］鞠芳辉，谢子远，宝贡敏. 企业社会责任的实现——基于消费者选择的分析.中国工业经济，2005（9）.

［201］李东进，吴波，武瑞娟. 中国消费者购买意向模型——对 Fishbein 合理行为模型的修正. 管理世界，2009（1）.

［202］李桂华，卢宏亮. 供应商品牌溢出价值、品牌关系质量与采购商重复购买意向：基于采购商视角. 南开管理评论，2010，13（4）.

［203］李海舰，郭树民. 从经营企业到经营社会——从经营社会的视角经营企业.中国工业经济，2008，5（87~98）.

［204］李敬强，刘凤军. 企业慈善捐赠对市场影响的实证研究. 中国软科学，2010（6）.

［205］李黎明. 理念型心理契约与媒体受众忠诚度的培养. 新闻与传播研究，2010（4）.

［206］李伟阳，肖红军. 基于社会资源优化配置视角的企业社会责任研究——兼对新古典经济学企业社会责任观的批判. 中国工业经济，2009（4）.

［207］李晏墅，卞曰瑭，李金生. 基于经营安全的企业社会责任演化机理. 经济管理，2009，31（5）.

［208］李政辉. 企业社会责任正当性的反思与重建. 天津社会科学，2010（2）.

［209］刘刚，黄苏萍. 企业社会责任、关系资本与竞争优势. 财贸经济，2010（6）.

［210］陆娟. 顾客满意与顾客忠诚关系中的调节因素研究——来自北京服务业的实证分析. 管理世界，2007（12）.

［211］［英］马丁·克里斯托弗，阿德里安·佩恩，［澳］大卫·巴伦泰恩. 关系营销——为利益相关方创造价值. 北京：中国财经出版社，2005.

［212］马龙龙. 企业社会责任对消费者购买意愿的影响机制研究. 管理世界，2011（5）.

［213］石军伟，胡立君，付海艳. 企业社会责任、社会资本与组织竞争优势：一个战略互动视角——基于中国转型期经验的实证研究. 中国工业经济，2009（11）.

［214］田敏，李纯青，萧庆龙. 企业社会责任行为对消费者品牌评价的影响. 南开管理评论，2014，17（6）.

［215］唐绍祥，邵冉. 顾客忠诚度问题研究评述. 经济学动态，2010（5）.

［216］万莉，罗怡芬. 企业社会责任的均衡模型. 中国工业经济，2006（9）.

［217］王端旭，潘奇. 企业慈善行为的演化及其理论解释. 经济管理，2009，31（5）.

［218］王文彬，李辉. 员工社会责任对反生产行为的影响机制研究——来自心理契约理论的解释视角. 管理现代化，2013（3）.

［219］王永贵. 顾客关系活动、关系质量与顾客资产的关系研究——基于顾客视角的实证剖析，2005，12（24）.

［220］王永军，廖建桥，赵君. 国外组织公民行为与反生产行为关系研究述评. 外国经济与管理，2010（5）.

［221］温忠麟，张雷，侯杰泰，刘红云. 中介效应检验程序及其应用. 心理学报，2004，36（5）.

［222］谢佩洪，周祖城. 中国背景下 CSR 与消费者购买意向关系的实证研究. 南开管理评论，2009，12（1）.

［223］谢毅，彭璐珞，彭泗清. 企业社会责任对顾客忠诚度的影响机制研究. 华东经济管理，2013（2）.

［224］徐尚昆，杨汝岱. 中国企业社会责任及其对企业社会资本影响的实证研究.中国软科学，2009（11）.

［225］徐尚昆，杨汝岱. 企业社会责任概念范畴的归纳性分析. 中国工业经济，2007（5）.

［226］许正良，刘娜. 企业社会责任弹簧模型及其作用机理研究. 中国工业经济，2009（11）.

［227］阳林. 服务企业与顾客心理契约结构研究—— 一项基于银行业的实证研究. 南开管理评论，2010，13（1）.

［228］余可发. 消费者—品牌关系维系：基于心理契约的研究. 当代财经，2009（4）.

［229］袁登华，罗嗣明，付春江，谢应勤. 广告干预对消费者品牌态度和信任的影响. 心理学报，2010，42（6）.

［230］袁登华，罗嗣明，唐春燕，江丽英. 品牌信任的前因后果驱动机制研究. 心理科学，2008，31（6）.

［231］袁登华. 品牌信任研究脉络与展望. 心理科学，2007，30（2）.

［232］赵曙明. 企业社会责任的要素、模式与战略最新研究评述. 外国经济与管理，2009，31（1）.

［233］张蒽. 社会责任投资：财务绩效及其对企业行为的影响. 经济管理，2009，31（7）.

［234］张广玲，付祥伟，熊啸. 企业社会责任对消费者购买意愿的影响机制研究. 武汉大学学报（哲学社会科学版），2010，63（2）.

［235］张红波. 企业履行社会责任动机研究. 东岳论丛，2008，29（6）.

［236］张新安，田澎. 顾客满意与顾客忠诚之间关系的实证研究. 管理科学学报，2007，10（4）.

［237］张兆国，梁志钢，尹开国. 利益相关者视角下企业社会责任问题研究. 中国软科学，2012（2）.

［238］张正林，庄贵军. 基于时间继起的消费者信任修复研究. 管理科学，2010，23（2）.

［239］周延风，罗文恩，肖文建. 企业社会责任行为与消费者响应——消费

者个人特征和价格信号的调节. 中国工业经济，2007（3）.

［240］周延风，肖文建，黄光. 基于消费者视角的企业社会责任研究评述. 消费经济，2007，23（4）.

［241］周祖城，张漪杰. 企业社会责任相对水平与消费者购买意向关系的实证研究.中国工业经济，2007（9）.